神田橋條治
スクール
カウンセラーへの
助言
100

かしまえりこ 編著

創元社

装　幀：嘉嶋隆夫
本文デザイン：上野かおる
ＤＴＰ：東　浩美

はじめに

2006年に『スクールカウンセリングモデル100例』を刊行した翌年、神田橋先生はわたしにスクールカウンセラーを対象にしたセミナーを開催するように勧めてくださった。

先生は次々にアイデアを出して、セミナーの詳細まで決めてくださった。「年6回のシリーズがいいね。毎回4人のカウンセラーに事例提供をしてもらうのがいいんじゃないか」とおっしゃり、「最後の回は合宿にしよう。ボクも参加する」とまで言ってくださった。

道頓堀川に面した、老夫婦が営む昔ふうのバーで、先生と創元社の編集部長（当時）の渡辺明美さんとの3人の話し合いで、あれよあれよと言ううちに企画はまとまり、2008年1月、「かしまえりこのスクールカウンセリング・ケースカンファレンス」はスタートした。その後、多彩な企画が展開されることになった〈創元社セミナー〉の第一弾である。

同セミナーは現在も続いているが、神田橋先生はその後、2015年まで毎年、参加してくださった。別の用件で来阪されたときには、飛び入りでコメントしてくださったこともあった。

参加者全員に神田橋先生と触れ合った思い出をつくってほしくて、合宿2日目には、神田橋先生との一問一答の時間を設けた。自在な回答は柔らかく、軽やか、かつシャープであり、終わったときの、参加者の満喫した笑顔がまぶしく感じられた。

　ケースへのコメントも、一問一答の回答も参加者の貴重な思い出だが、参加者だけで独占するのももったいないことである。

　そこで創元社編集部の内貴麻美さんの協力を得て、特に印象に残るコメントをピックアップし、元の録音データと参照しながら、整理して、100の助言を選択した。

　そこに蛇足だが、かしまのスクールカウンセリングの現場での連想を添えたのが本書である。

　1995年にスタートしたスクールカウンセリング事業は、教職員や教育委員会の理解と、臨床心理士を中心とする多くのスクールカウンセラーの尽力により、今では国内のほとんどの学校で日常の風景となった。

　自然災害の頻発やコロナ禍、少子化の影響などのさまざまな要因の中で、子どもたちのこころを取り巻く環境もますます複雑になっている。スクールカウンセラーにもいっそうの研鑽が求められる。

　本書が、奮闘するスクールカウンセラーの支えになればうれしい。

　本書を編むに当たり、セミナーを受講してくださったみなさま、学校で出会ったたくさんの子どもたち、保護者、教師、地域の方々から、多くの知恵とヒントをいただきました。

　また創元社取締役編集局長の渡辺明美さんにはいつもながら、細

やかなご配慮をたくさんいただきました。

　記して、感謝申し上げます。

2021年　コロナ禍に揺れる夏に

かしまえりこ

　なお本文中に出てくる事例は、個人が特定されることのないように、本質を損なわないと考えられる範囲で改変を加えていることを、予めお断りいたします。

もくじ

第6章 病理となる心理 ———— 155

第7章 発達の課題 ———— 181

第1章

ことば

たいな

「そういうふうになれるように、一緒にここで話を聞いていきたいな」と、あなた（事例提供者）が言ったの？　それ、いいと思うな。この子の気持ちは、少し和らいだだろうね。

スクールカウンセラーの場合は、特にそうじゃないかと思うけど、子どものこころが開かれたときに、開いたからと、あれこれしないでいることが大事だと思う。

でんでん虫が殻から出てきたら、手で触れずに「あらっ、可愛い」と言って、「あぁ、いいな」と思って、じっと見ている。そういうこと。

「たいな」というのは、こっちの気持ちを言っている。「しましょうね」と言っていない。だから、とても柔らかくていいと思います。「一緒にやっていって、なんとかなるといいな」とか思って、「聞いていきたいな」と言うのは、こっちの都合で、向こうに仕事を要求している感じじゃないでしょ。いいことばだなと思いました。

（ スクールカウンセリングの現場より ）

　カウンセラーの前に現れる人は子どもでもおとなでも、みな何ら
かの傷つきを抱えており、その傷つきには自己否定の側面が含まれ
ている。

　だから親切な助言のようであっても、行動や自己の変容を迫るこ
とばには、敏感に反応する。的確な助言は、鋭く、自己の弱点に直
面を強いる。特にまだ意識化されていない弱点を突かれた場合には、
思いがけない反応が生じかねない。

　こころの殻を開いたとき、覆うものを失ったこころは、生まれた
ばかりの皮膚のように柔らかく、傷つきやすくなっていることが多
い。少し丈夫になるまで、殻を開いたことに気づいても、そっと触
れずに見守ることもカウンセラーの専門性のひとつだと思う。

　神田橋先生は、かたつむりの比喩を『スクールカウンセリング モ
デル100例──読み取る。支える。現場の工夫。』（創元社）の51ペー
ジでも述べている。参照していただきたい。

02

声の大きさ

　カウンセリングの場では、冷静を保とうとするときに、声は小さくなるのが普通だな。それから、騙そうとするときは、声は大きくなる。特に、自己を騙そうとするときにはな。強がりのように見えたりね。

　快活に話しているときは、それがきめ細やかな快活さであれば本当の快活さであるし、きめが粗いとか、パターンが乏しいとかの快活さは自己隠蔽、自分で何かを見ないための快活さだ。

　精神分析の用語が好きならば、「マニック・ディフェンスとしての快活さ」ということになるわな。

　話す声が小さくて、しかも忠実に内容を話しているならば、その子は、自分が今、話している内容に気分的に巻き込まれて、冷静さを失ってしまうことがないように努力しているんだ。そういうように、現時点では理解するのがいい。

> ### スクールカウンセリングの現場より

　スクールカウンセラーは、昼休みの教室などを訪ねていくことができる。(ちなみに学校によっては、教室訪問をする際に、学年の教師や管理職の許可が必要な場合がある。最初に勤務する日に、管理職にその学校の方針を確認しておきたい。)

　小学校高学年くらいから、グループの人間関係が複雑になり、その力学の様相は子どもたちの声に表れることが多い。

　ひそひそ話は、それに加わっている子どものひとり、もしくは数人が、秘密の共有によって、関係を密にしようとする努力を始めていることを示す。

　ひそひそ話のようでありながら、周囲にアピールする雰囲気があるときには、そのグループの人間関係が今後、どのように変化していくか、要注意のレベルにあることを示す。スクールカウンセラーがさりげなく、周囲へのアピールの雰囲気を中和するような心持ちで声かけをすることによって、子どもたち自身に冷静な判断を促すことができる場合も多い。

　一見、とても仲が良さそうで、楽しそうなグループにおいて、ひとりもしくは数人の際立つ声が聞こえる場合には、スクールカウンセラーにはさらに慎重な判断が求められる。際立つ声が聞こえるときには、いじめに悩んでいる子どもがそのグループに含まれている場合がある。

　機会をとらえて、際立つ声を発している子どもに話しかけてみると、急に声が小さくなる場合がある。その子どもが加害者である場合もあれば、被害者である場合もある。

　人間関係の難しさへのマニック・ディフェンス（躁的防衛）が、いじめの場ではよく見られる。

カウンセリングを受ける

　「カウンセリングを受ける」ということばは、この子には馴染むことばかな？　普通は「話しに行く」とか「相談をする」とかだよね。

　われわれはできるだけ文字言語を使わないで、音声ことばを使うようにして話をしたいよね。「本日、あなたが登場されるに至った経緯について、詳しく陳述されることを望むものであります」とか言ったら、これは全部文字言語だよね。

　だから、できるだけ文字言語ではなく、今のこの子の世界のことばに翻訳できるものは翻訳して、話すようにしてください。

「カウンセリングを受ける」ということばはよく使われる。なぜ、カウンセリングが「受ける」ものになったのかを考えてみると、「カウンセラーという専門家がカウンセリングを行い、来談者はそれを受ければ治る」という受け身的なイメージが、カウンセリングに関して、一般的に想定されているからだろう。

カウンセラーの側にしても、「専門家」という立場を隠れ蓑にするうえで、好都合だったのかもしれない。

わたしがスクールカウンセラーとして勤務していた学校の教師に、とても繊細な感覚を持った方がいた。その教師から「生徒に『カウンセリングを受けておいで』と言うよりも、『相談に行っておいで』と言ったほうが良いように感じる」と聞くことがあった。

相談に「行く」とことばにしたときに、子どもの中に、本人も気づかぬうちに、能動的なこころの態勢が生じることを感じ取っておられたのだろう。「行く」という行為が、できる限り本人の自発的な選択となるように、周囲のおとなはこころを砕きたい。

いじめを受ける

　この子は「いじめを受けた。そのトラウマもあって、人に友好的になれない」と言ったのね。この子はもう、しゃべりが文字化している。「いじめられた」じゃなくて、「いじめを受けた」とか、しかも「トラウマ」とか、「友好的」とか言うから、かなり文字化した人だ。

　文字化するときのコツは、名詞化なんです。「傷ついています」と言わずに、「傷があります」「トラウマがあります」「心的外傷です」と言うわけ。名詞化、漢字化、横文字化は、輪郭がかちっとする。

　この文字化する程度がひどければひどいほど、これを溶かしてしまったら、始末ができなくなる。

　われわれが文字化してしゃべるのは、何かを貧困化しているわけだ。この子も、そうして体験を貧困化、脱情緒化することで、自分を支えようとしているんだから、これをどの程度、崩していいものか。できるだけ崩さないように維持してあげるのが、優しさだろうからね。

　そうすると、面接が過剰にドラマティックなものにならないように、淡々とした事実描写の段階になるように、ある程度こちらも、それに似合った文字化したことばを使ってあげるといいの。そのことばは、向こうが使っていることばを使うのが特

にいいですね。

　向こうが使っている感情抑制に有効なことばを、こちらが取り入れて使うわけですから、いちばん安全じゃないかな。

─ スクールカウンセリングの現場より ─

　いじめ被害に遭った子どもたちが絶望するのは「なす術がない」という無力感に襲われたときだろう。その一歩手前に、「大したことではない」と出来事を矮小化する段階があるように思う。

　無力感に陥りそうな自分のこころを、事態を矮小化することで、やり過ごそうとして、無力感と矮小化のふたつの段階を行ったり来たりしているときに、周囲から見れば些細とも思える出来事が背中を押して、自ら命を絶つような悲惨な事態を迎えてしまう。

　そのサインに気づくうえで、神田橋先生の助言が伝える、名詞化、漢字化、横文字化がはらむ意味に敏感であることは役立つと思う。その感性が、子どもたちが淡々と語る背景にある危機に気づかせてくれる。

　「いじめを受けてるのね」と返して、危機的な状況にある子どものこころを守るか、「いじめられてるのね」と返して、子どもの前に進む力を信じるのか。子どもを取り巻く環境の状況と、子どものこころの状態とを感じ取る、スクールカウンセラーのセンスと臨機応変な力、すなわち臨床力が問われている。

05

助言

　そのカウンセラーが、「お父さんは厳し過ぎる」と言ったの？「厳し過ぎる」と言うのは、実に愚かなの。カウンセラーは専門家だから、助言をするなら「お父さん、この子には、こういうふうに言ってみたらどうですか？」とか、具体的に言わなきゃ。

　「厳し過ぎる」と言うのは、「お父さん、あなたは良くない親ですから、良い親になりなさい」と言うことと同じじゃないかな。

　「過ぎる」ということばは、助言にならないの。「厳し過ぎるのは良くない。ほど良い厳しさが親として大事ですよ」と、そんなことを言ったって、何の助言にもならない。それで、助言したような気になっている、もう実に愚かしい。あなたたちは、そうしないでね。

> スクールカウンセリングの現場より

　スクールカウンセリングでは助言を求められることが多い。助言においては、さまざまな行動の教唆が求められる。行動は外界への働きかけであるから、内界での洞察を目的とするカウンセリングの本質から外れるようにも思われるが、来談者のニーズにぴったりの助言ができると、思いがけず内省が深まることがある。

　行動してみて、環境が変化し、その変化した環境に自身の内界が投影されて、それまで見えていても気づかなかった、本人にとっては意外にも思える側面が見えてくるからかもしれない。

　神田橋先生は、双極性障害の患者に内界での洞察を求めるカウンセリングは禁忌だと言う。実際に、「カウンセリングの後、とても具合が悪くなる」と言う患者に出会うことは多い。そこで外界とどう付き合うかをテーマに話し合うことが多くなるが、外界の話だけをしているのに、カウンセラーが予測もしなかったほどに深い洞察が、本人から語られることがある。カウンセラーの知らないところで、自主的に進んだ洞察なので、害が少ないのかもしれない。

　具体的で的確な助言が秘める力は、思うよりも大きいと感じる。

できない

　クライエントが「できない」と言ったときには、そのことばが1回出るたびに、セルフ・エスティーム（自己肯定感）が下がるわけです。「こういうことができる」と言うと、セルフ・エスティームが上がるの。

　それはクライエントだけじゃない。みなさんも同じです。「できません」と口から出た瞬間に、あるいはこころの中でつぶやいた瞬間に、セルフ・エスティームは下がるんです。

　だから「あそこには、いられません」とか、「can not」のことばが出た瞬間に可哀想なの。

　だから、この子が「修学旅行に行けません」と言っているのは可哀想なことなの。「修学旅行に行きません」と言うのは、拒否が「できた」ということだから、いいんだ。

　小学校３年生から欠席している生徒がいた。その生徒が中学校３年生になった年に、わたしが彼の在籍する中学校に配置されることになり、彼もそのころは別室登校をするようになっていたので、昼食を一緒にとりながら、面接をすることにした。

　ある日、彼が欠席をするようになったきっかけを話してくれた。

　彼がいた小学校では、昼休みに「みんなで遊ぶ日」が決められていた。その日は「みんなで遊ぶ日委員」がクラス全員に諮って、多数決でドッヂボールをすることに決まった。だが彼は、昼休みに図書室に行って、本を借りることを楽しみにしていたので、参加しなかった。帰りの会で、「みんなで遊ぶ日委員」がそのことを報告し、彼は教師から「なぜ、みんなと一緒に行動できないの？」と聞かれ、指導を受けた。

　幼いながら「くだらん」と感じた彼は、その日、私物をすべて持ち帰り、翌日から学校に行かないことにした。「だから僕は不登校じゃなくて、登校拒否なんです」と彼は言った。そして「大学で、やりたい勉強があるから、高校には行きたい」と言った。

　その後、彼は不登校経験のある生徒を積極的に受け入れる高校に進学していった。進学して数か月が経ったころ、「いろいろあるけれど、なんとかやっています」とおとなびたメールが届いた。

　彼には登校を拒否する力があったから、登校を選択することもで

きたと思う。

「言うことを聞く」は「良い子」の条件である。一方で、拒否する
にはたくさんのエネルギーを必要とする。人生の多くの場面におい
て、同調して、流されて生きるほうがより省エネとなる。

拒否ができる子どもは元来、生きるエネルギーに満ちているのだ
ろう。彼らがそのエネルギーを活用できるように、周囲のおとなは
緩やかに見守っていきたい。

ちなみに、わたしが出会った不登校の子どもたちの中に、「みんな
で遊ぶ日が嫌だった」と話す子どもが少なくない。「みんな仲良く」
という教師の思いからだろうが、みんなで遊ぶ中でそれとなく向け
られる仲間外しはつらい。休み時間ぐらいは、思い思いに過ごさせ
てもいいのでは、と思う。仲間外しのいじめには、個別の対応が必
要である。

（事例は、個人が特定されることのないように、本質を損なわないと考えられる範囲
で改変を加えています。）

07

神経系

　ことばは全部、絵空事です。だから、絵空事を神経系のパターン変化に結びつけることはできないの。

　だけど、喧嘩したりするのは、神経系の発達に役に立ちます。殴ったり、殴られたりして、喧嘩はからだを使った関わりですから、神経系に結びつく。

　例えば甘いものを食べたことのない人に、「甘い」という概念を一所懸命教えても、分からない。それは「甘い」ということばの根本には、甘いものをなめたときの快感が、神経系と連続してあるからなの。

　「甘い」という概念は、「甘え」とか「甘ったれ」とか、臨床でもしばしば使われますね。だけど「甘え」が感覚として分からない人には、「甘えとはつまり愛着行動ですね」と話すしかないから、臨床には全然、役に立たない。それと同じです。

　「こころが痛む」とか言ったって、痛い思いを経験したことがない人は『痛い』という感覚がないから、「こういうときにこころが痛むんだ」という『こころが痛む』現象が起こる諸条件は覚えられるけれども、今、自分のこころが痛みに苦しんでいることは分からない。

　『痛い』という感覚が生まれつきない人がいるよ。ケガをしても痛みを感じられない体質。そういう人は、胃潰瘍になっても

痛くないから、たいてい長生きしない。痛いと分からないと、早く死ぬの。

　そういう人にとっては、「こころが痛い」とか、「痛い思いをする」とか、「痛い目に遭わせるぞ」とか言っても、ことばの意味は分かるけれども、感覚がそれとつながっていないから、永遠にことばだけです。

　まぁわれわれが外国語をいくら勉強しても、本当は分からないところがあるわけだ、感覚がないとね。だから、アスペルガー障害の人が「ことばが上手だから、ことばでやれる」と思っていても全然うまくいかないのも、そういうことです。

スクールカウンセリングの現場より

　「父親（夫）がわが子に暴力を振るうのが耐えられない」と来談した母親がいた。母親自身がひどい虐待を受けて育った人だった。父親がわが子の振る舞いに逆上して、激しく殴る蹴るをする間、怖くて、父親を制止することもできずに、うずくまって、耳をふさいでいると言う。

　わたしは母親の傷ついてきた人生を労わりつつ、話を聴いていた。

　ある日、体調を崩した母親に代わって、父親が来談した。父親は

足にギプスをして、松葉づえで現れた。驚いて事情を訊くと、「バイクにはねられて、転んだ。ズボンに血が滲んでいたので、近くの薬局で消毒薬を買おうとしたら、薬局の店員が傷を見て驚き、外科に行くように勧められた。外科で複雑骨折が分かり、緊急手術となった」ということだった。父親はその経緯を淡々と話し、「僕は痛みが分からない」と言った。

　限度を超える虐待をする人の中に、この父親のような人がいるのかもしれない。そういう人に、ことばがどれほどの力を持つのだろうかと思う。

　そして、この父親と同じ鈍感さが、心理臨床を概念、すなわち、ことばとして学んだ私たちにも生じているのではないかと恐れる。その鈍感さは容易に克服できるものではないだろうが、せめても自身の神経系に結びついた感覚を手がかりに、クライエントの体験に近似した感覚を手繰り寄せて、理解に近づいていきたい。恐らくそれは、自らの身を削る体験になる。

　（事例は、個人が特定されることのないように、本質を損なわないと考えられる範囲で改変を加えています。）

質問

　「どういうことでカウンセリングを受けようと思いましたか?」という質問は、入社試験のときはするよね。「あなたがこの会社に入ろうと思ったのはどういう理由ですか?」って言ってね。それと同じ語りかけの形態なんです。

　つまり、本人に何らかの影響を与えることは少なくて、こちらが情報を取ることは多いでしょ。だから、この質問はあまりカウンセリング的ではないよね。

　だからボクは、どうしたらいいだろうと、気になっているの。で、今、こういうのはどうだろうかと思って提案しますけど、みなさんも考えてみてください。

　「カウンセラーに会ってみようと思うようになったのは、もうだいぶ前からですか?」とか、「いつごろからかしら?」と言うと、これは相手にカウンセリング的な効果をもたらすと思うんです。

　そして、「だんだんそういう気持ちが育ってきて、こちらのほうに踏み切るとなったところをちょっと聞きたいな」と、「そこから聞きたいです」って言うと、もう出会いのときからカウンセリングがスタートすると思うんです。まあ、ひとつの提案です。もっといい方法があるかもしれない。みなさんも考えてみてください。

> スクールカウンセリングの現場より

　この本を出すことになったとき、神田橋先生から「あなたにすべてを任せるけど、出来上がったら見せてね。『てにをは』を直したいから」と言われた。

　「細部に神宿る」と言う。カウンセリングでは「バーバル（言語的）」よりも「ノンバーバル（非言語的)」な関わりが大切だとも言われる。

　神田橋先生の「ノンバーバル」は、「バーバル」の細部、枝葉末節への気配りによって醸し出される部分が大きいと感じる。

　スクールカウンセラーは、学校という生活の場をクライアントである子どもたちやその関係者と共有する。学校は子どもたちが社会生活の基礎を訓練する場のひとつである。社会生活では言語による正確なコミュニケーションの能力が求められる。スクールカウンセリングにおいても、「ノンバーバル」が「バーバル」から受ける影響は大きい。

　神田橋先生の問題提起に筆者なりの考えを答えるならば、「どういうことでカウンセリングに？」と訊かれると、今、クライアントの意識が気づいている課題が語られる。一方、「いつごろから？」と問われると、クライアントの中で、自身の来し方への無意識の問いかけが始まるように思う。少しの言い回しの違いで、こころは動き始める。

喃語

　おとなのことばを覚える前に喃語の時期があると、喃語は身体とつながっているから、「体験」ときれいにつながっている。その順番で、自分の中にことばを取り入れていくと、ことばと「体験」とがつながる。

　ところが、頭のいいアスペルガー障害の人が突然、おとなのことばを覚えるのは、英会話とおんなじで、いろんな文章の使い回しについて、イディオムをたくさん頭に入れて、使うようになっていくの。これは、この人が小さいときから必死になって築き上げてきた「日本語会話術」なんだ。

スクールカウンセリングの現場より

　生後数か月経つと、赤ちゃんはあやされて、笑顔を見せるようになる。それから少しすると、喃語が出始める。意味のない音声だが、独り言のような雰囲気のときもあれば、話しかけているような雰囲気のときもある。またミルクやおむつ、眠りたいのにうまく眠れない、暑いなどの身体的不快感を訴えるときには、ことばの代わりとしての泣き声が使われる。

　話しかけている雰囲気のときには、こちらも会話のつもりで返していると、赤ちゃんも反応があることがうれしいらしく、さらに活発に喃語を発してくる。独り言のような喃語のときには、おとなの側も「そうだねぇ」などと、独り言に呼応するようなことばを発していると、何やら話しかけているような喃語に変化することがある。

　赤ちゃんのコミュニケーション能力はおとなが思うよりも高く、かつ多彩だと思う。

　わたしも、自身が親だったときには、赤ちゃんのコミュニケーションのレベルがまったく分からなかったが、孫ができて、かなり分かるようになった。祖父母の世代が、親と子の通訳として機能できる場面もあるだろう。親を支える周囲のちょっとしたお節介が、子どものコミュニケーション能力の発達に有効だと思う。

実は

「実は」ということばはいつも大事に聴いてください。「実は」って、テレビやラジオのニュースで言ったりしないですよね。

「実は」ということばは、その人がいろいろな情報を出したり、出さなかったりすることで、環境の調整をするという生き方を表していることばです。

「実は」ということばは、その聞き手に向けて言っている。そして「実は」に続けて話す内容は、隠されている情報なんです。

そこにある時間と空間の必要性で、「実は」と情報を提供することで、関係を操作するというかな、たいていの場合は、より良い関係に、よりしっくりした関係にしていこうとする試みですから、「実は」と言ったか、言わなかったかが大事なんだと、頭に入れておいてください。

> スクールカウンセリングの現場より

ある大きな企業の経営者が「これは大事な話だから、君は席を外してくれと言われた社員は、そのプロジェクトに関して、決定的にやる気をなくす。その後、どんなにフォローしても本気で努力することはない」と話すのを聞いたことがある。教師との連携において、大事な示唆を含むことばだと思う。

　スクールカウンセラーも教師もともに、専門職として守秘義務を
負う。一方で、スクールカウンセラーも教職員のひとりとして、校
長の指導監督のもとで勤務するので、報告義務も負う。

　守秘義務と報告義務とのバランスはスクールカウンセラーにとっ
て、非常に悩ましい課題である。悩んだときにスクールカウンセラ
ーの判断の拠りどころとなるのは、「子どもたちの利益を最優先に」
ということだろう。わたしたちは常にその拠りどころに立ち返り、
自身に向けて検証を続けるしかない。

　カウンセリングという場の特性を考えると、カウンセラーとして、
何もかもをあけすけに話すことはもちろんできない。守秘義務がカ
ウンセラーの重要な義務であることは、どのような状況でも変わり
がない。だが連携して子どもたちを守る立場の教師や他職種の仲間
に、「スクールカウンセラーが何かを隠している」と不信感を抱かれ
ては、不利益を被るのは子どもたちである。ことばや雰囲気など、
表現を工夫する努力を重ねたい。

　情報は、その内容以上に、出すか、出さないか、またどのように
出すか、出さないかが重要になる場合がある。

第2章

カウンセリングの技法

どこに座る？

　「私はここに座るけど、あなたはどこに座る？」と訊いたの
ね。これがいいんだよねぇ。

　「あなたと私との関係では、あなたの意思は可能な限り尊重さ
れます」というメッセージをいちばん短く伝える。で、仰々し
くない。

　「私はここに座って、あなたはどこに座る？」と言うと、意見
を言ってもいいんだとか、意見を言うことを、このカウンセラ
ーはむしろ歓迎するらしいとかを、本人の無意識が分かるわけ
じゃない。生じてくるのは何かって言うと「くつろぐ」だ。

> スクールカウンセリングの現場より

カウンセリングの最初に「あなたはどこに座る？」と選択させることを、ルーティンとして学んでいるカウンセラーは多い。神田橋先生は、それがどういう効果をもたらすのかを的確に言語化している。なぜそうするのかが分かっていると、技法が適切に使えるようになる。

子どもたちの中には、選択を求められて、すぐに「ここがいい」と答えることができる子もいれば、怖気づいて、立ちすくむ子もいる。そのさまざまな反応から、その子の「これまで」が透けて見える。

自分の意思で選択する場面に慣れていない子どもは多い。立ちすくむ子どもには「とりあえず今日はここに座るのでいい？」とカウンセラーから提案し、「この次は、あなたが決めてもいいし、わたしが決めるのでもいいよ」と伝えると、「これから」が子どもの中に広がるのだろう。ほっとした表情を見せてくれることがある。

場の安定感

　この子は「人に友好的になれないことが心配だ」と言うんで
しょう？　そのときに、「人」の中にカウンセラーは入るのか
な？　「人」の中に入るのであれば、当然、カウンセラーと初め
て会って、そのカウンセラーに対して友好的になれないはずだ。
そんな雰囲気は、素振りに出てなかったかしら？

　この場合に、here & now から取りかかる操作として、「カウ
ンセラーに初めて会うときにも、そんな心配を抱えていたら緊
張するね」と言ってみるの。

　なぜかと言うと、過去のこと、あるいは外のことを聞こうと
カウンセラーが期待したにもかかわらず、この子は「人に友好
的になれないことが心配」と答えた。そうすると、この子は現
在のこと、今ここのことを言ったのかもしれない。過去を取り
上げる場の安定感がまだないので、とてもできないという構造
ではないかと推測しておく。

　そうだとすれば、「ここでも緊張する？」と、here & now の
ほうを聞いてあげて、あとは「無理して、ここで早く打ち解け
ようとしないでね」と言っておくのがいいんです。

　この子の、場に合わせていこうとする努力が逆効果で、緊張
の原因になっているかもしれないとちらっと思いながら、「ここ
で早く打ち解けようと努力をしないでね。疲れるから」と言っ

ておくのがいいでしょうね。

> ### スクールカウンセリングの現場より

　スクールカウンセリングの場にはさまざまな子どもがやって来る。初対面のおとなと向き合って、ふたりで話すという状況に緊張している子どもは少なくない。教師や保護者の意向で、スクールカウンセラーに会うことになった子どもは特に緊張しており、その様子がスクールカウンセラーには、反抗的に見えたり、おびえているように見えたりもする。子どもの緊張はカウンセラーにも伝染して、お互いに緊張感を高め合う仕儀に至ることもある。

　緊張すると頭が真っ白になるので、神田橋先生のこの助言を「テクニック」として記憶しておくことが役に立つ。「緊張する？」とことばで訊かれると、緊張は少し解ける。「早く打ち解けようとしないでね」と言われると、打ち解けた雰囲気が少し生まれる。here & now を話題にするテクニックの妙味である。

13

雰囲気を聴く

　人と人のコミュニケーションは言語を介さないもののほうが多いんだよね。だから聴く作業のときに、そのことばのデジタル的、字義的な意味が伝えてくる情報は、「目次」程度なの。

　例えば「お母さんがひどいんです」と言ったとするでしょう。すると「お母さんがひどい」というのは目次であって、そのときの音声の中に、目次の内容が入っているの。

　「ひどいんです」っていうのが甘えを拒絶されたということなのか、自分の攻撃性の問題なのか、あるいはお母さんの攻撃性の問題なのかっていうのは、音調の中にこめられている。だからデジタル的な意味でのことばは目次なの。

　音声を聞き取ることは雰囲気を聴き取ることだから、音声がきれいに聞き取れれば、それはとてもいいことなんだけど、聴覚の障害によって、だんだん聞き取れなくなったとすると、顔色とかノンバーバルなものを見るしかないよね。

　カウンセラーの聴覚障害というテーマから分かってくるのは、ことばの「てにをは」をきちんと聞き取れる人でも、音声や表情を聴かない、聴き取れていないことが多いの。

　聴覚に障害が起きたのなら、これを機会に、ことば以外のものでどれだけ情報をfeelするかを練習すればいいと思います。

　これは、聴力の低下に不安を感じているスクールカウンセラーからの問いへの、神田橋先生からの助言である。

　スクールカウンセラーは、ことばで表現する能力が発達途上にある小中学生はもちろん、他者と話し慣れていない、あるいは多様な対人関係に慣れていない保護者と面接する機会も多い。そのようなときに特に、ことば以外のもので情報をfeelする技術が必要になる。

　また医療の場では本人、もしくは家族など周囲の人々の誰かが、受診の意思を明確に持っている、すなわち（どのような治療が行われるかは分かっていないにしても）治療が必要だと判断していることが多いが、スクールカウンセリングの場においては、「（必要は認めないが）担任に勧められて、しぶしぶ」であったり、「不登校や問題行動が生じて、どうしたらよいのか分からないので、とりあえず」の来談であったりする。スクールカウンセラーが何をする人であるのかもよく分からないままに来談するケースも多い。

　この雰囲気を聴き取る技術によって、スクールカウンセラーが来談者の真の意向を探りつつ話を進めていき、その過程において、来談者が自身のニーズの輪郭を把握して、やっとカウンセリングがスタートするケースも多い。

　この神田橋先生の助言が伝える、ことば以外のものでどれだけ情報をfeelするかの練習は、話を聴く専門職すべてに必要だが、特にスクールカウンセラーにとって大切な課題だと思う。

14

しのぐ方法

カウンセリングが状況を変えるほうに行けば、これはスクールソーシャルワーカーの仕事になるよね。スクールソーシャルワーカーの仕事は、状況を変えることだから。だから、もうどうにも変えられない状況になったら、できることがなくなってしまう。例えば親が自己破産したとか、家族が亡くなったとかだと、福祉の援助を受けるための手続きを手伝うことはできるけどね。

カウンセラーは、それでも何かができるの。小児がんで、あと1年で死んでしまうことがはっきりしていても、何かができる。カウンセラーは、人間の持つ特殊能力に働きかけることを主として分担しているんだ、ということを忘れないようにしてほしいの。

この子はお母さんが分からんちんで、学校ではいじめをされていて、大変なんだけれども、その状況をカウンセラーが変えるのではなくて、本人が何とかやっていけるようにする。いちばん理想的には、本人がその状況を変えることができる人になるといいよな。

それがいちばん理想的だけれども、なかなかそんなのはできない。子どもの場合は特にできない。

だけど何とかしのいで、そこを生き延びていくことができれ

ば、この子が将来、そのしのぎ方を身につけた結果、それがひとつの人生の知恵になっていくといいなと思うの。そのような願いを込めて、そこをしのいでいく方法を一緒に考えていくのがいいんじゃないかと、ボクは思っています。特に子どもの場合にはね。

（スクールカウンセリングの現場より）

　神田橋先生の盟友でもある高名な精神科医、中井久夫先生は「医者が治せる患者は少ない、しかし看護できない患者はいない。息を引き取るまで、看護だけはできるのだ」と述べている（『看護のための精神医学』中井久夫・山口直彦著、医学書院）。同じことが、カウンセラーにも言える。

　スクールカウンセラーとして長く仕事をしていると、成人した元クライエントと偶然、出会うことがある。こちらに内心、「何も役に立てなかった」と悔いの残るケースの子どもが立派な社会人となって、懐かし気に話しかけてくれると、「ああでもない、こうでもない」と嘆きながら、ともに過ごした時間も意味があったのかと救われる。彼らから、カウンセリングについての思いがけない評価を聞くこともある。

　クライエントとともに生きしのいだプロセスは、スクールカウンセラーにとってもひとつの体験であり、ひとつの知恵として蓄積される宝だと思う。

内側の支え

　この子には、おばあちゃんとか、友達とか支えになる人がいる。これは、自分の外側に支えがあるわけだよね。そうすると、この子の内側には、自分なりにこころ構えとか、考えとか、「内側で支えるもの」はないのか、と訊いてみるのが大切。

　外側も内側も両方に支えるものがないと、外側がダメになったら、何も支えがなくなる。

　それを「何か事があったに違いない。性的虐待じゃないか」とか、外側ばかりを探ってたら、だんだん根ほり葉ほりになって、もっぱら好奇心カウンセリングになってしまう。

　大切なのは、この子は、その状態でなんとか保っているということだ。何によって保っているのかと考えると、例えばこういうことがあると思うんですね。「進学のことで困っている」とスクールカウンセラーに相談するのは、「進学すれば、人生が展開するかもしれない」という希望に支えられているからじゃないか。

　そうすると「学業がうまくいかなくて、進学のことで困っている」という相談は、われわれが頭の中で想像するよりも、この子にとっては、人生全体がそこにかかっている大事なことじゃないかと推察できる。

　そしたら、スクールカウンセラーは「進学によって、人生が

拓けていくと夢をかけているとすれば、この問題は、あなたにとってすごく重大だね」と言ってあげることが必要になる。

　そう言ったからって、何にも解決しないよ。何にも解決しないけど、彼女がかろうじてつくっている夢を理解して、「そうなの。じゃあ、これは大事な問題だね」と言ってくれる人がひとりはいることになる。

　それは外側で、優しさによって支えられるよりも、こころを理解してくれる人がひとりいるという事実によって、本人が内側から支えられる。これはもう全然、違うの。

　それを利用しているのが、「神さまはご存知」ということ。「誰も私のことを分かってくれないけど、神さまだけはご存知」と思う。もうしょうがないから、自分を理解できるもうひとつの存在として、神さまというものをつくるわけ。

　人間が知的な連帯によって支えられるのは、人間が知的な動物だからで、それをやっていくのがカウンセリングのプロなの。

スクールカウンセリングの現場より

　こころの内側について、相手に分かるように話すのは難しい。大切なテーマであるほど、ことばにするのは難しい。大切であるほど、

間違って理解されたときの傷つきも大きいので、話の中核から少し逸れた語り口になりさえする。

　クライエントが最初に相談として話す内容に、「本当にそのことで困っているの？」と訊き返したくなるような印象を持つことがある。神田橋先生も「最初に持ち込まれるテーマは防衛（工夫）である」と言う。例えば「いじめられている」と訴えるが、昼休みの教室での様子を見に行っても、そのような気配が感じられないとき、スクールカウンセラーの内側に微かな違和感が生じる。

　だがカウンセリングを続けるうちに、クライエントが最初に相談内容として語ったことばの真意が分かってくることがある。それはジグソーパズルのピースをつないでいって、ひとつのピースが全体の絵柄の中で占める役割が見えてくる様にも似ている。クライエントが相談内容として最初に語ったことばの真意を理解できるようになるまで、あれこれと応答を工夫するのが、カウンセラーの重要な仕事のひとつである。そうやって真意を理解できたとき、スクールカウンセラーの内側に安堵が生じると同時に、クライエントの表情が確かになるのを感じる。

乱世

　乱世は、先が見えないから不安でしょう？　体験としての生きた不安の量は、生き甲斐の量と相関するから、「乱」の時期を生きた人だけが、充実した人生になるのよね。

　「価値」とは、システムが出来上がったときから低下していくの。資格制度でも全部そう。

　だから、ひとつのシステムが整った場所で勉強するよりも、自分たちの職場でメシ食いながら、がちゃがちゃ話をするほうが、より「乱」だから、そのほうが絶対、中身は濃いの。整ってくればくるほど、だんだん足が地から離れて、空中で目次を論議しているようになる。

　学会なんかもそう。「懇話会」「研究会」でやってるうちは、まだ「乱」の雰囲気があるけど、学会になって、理事だとか会長だとかが出来るとなると、急速に中身が薄くなって、形だけが整ったようになって、名店街に出ている名店みたいになっちゃう。

▷ スクールカウンセリングの現場より ◁

　心理臨床はさまざまな要因が絡んでくるので、なかなか整った形になりにくい。形になりにくいものは今後どう変化していくのか、

その予測が難しく、危険でもある。そこで、クライエントを守る必要から、面接室でのカウンセリングのあり方やルールなどが整えられてきたのだろう。

　スクールカウンセリングはカウンセラーがクライエントの生活の場に身を置くので、さらに形が整いにくい。

　学校教育法には「校長は、校務をつかさどり、所属職員を監督する」とある。そして平成29年の学校教育法施行規則の一部改正により、スクールカウンセラーは学校職員として、法律に明記された。すなわちスクールカウンセラーはカウンセラーであると同時に、校長の監督を受ける職員のひとりとして、明確に位置付けられたのである。

　臨床心理士倫理綱領の第5条に「来談者又は関係者との間に私的関係及び多重関係をもってはならない」とあるが、そもそもの成り立ちにおいて、多重関係を含んでいるのがスクールカウンセリングである。守秘義務と報告義務の兼ね合いの難しさもその一例である。

　「乱」のさ中に豊穣があるとしても、その豊穣は生きながらえてこそ享受できる。

　「乱」の渦中で揺さぶられるスクールカウンセラーを支えるのは、「子どもたちの利益」の一点だと思う。そこに覚悟を決めるしかない。

オウム返し

　おもしろいよ。ちょっとずれているのは、ゆさぶりの効果があるんだ。

　ロジャリアンの「オウム返し」っていう技法があるじゃない？オウム返しの応答は必ず、ちょっとずれるの。オウム返しに一所懸命に努めれば、こちらのキャッチしたものが向こうに返っていって、それが、向こうが言ったことと少ぉーしだけ、ずれる。そのずれが、揺さぶりの効果になるの。

　その効果を利用したのが、オウム返しだとボクは考えたの。それは、共感による治療効果ではなくて、非常に共感に近いけれども、ちょっとずれているがゆえに動きを生み出すという効果ではないかという論を、何かの原稿にちょっと書いたよ。

　ロジャリアンへの嫌がらせみたいな論だけれど、この論が外れてても素敵なだけで、害はないしね。

（ スクールカウンセリングの現場より ）

日常の会話において、オウム返しをされると非常に不快になる。オウム返しがいじめの方法になることもある。

カウンセリングの勉強を始めたころ、オウム返しはカウンセラーが肯定的関心を持って、クライエントの話に誠実に耳を傾けている証として有効であり、必要であると聞いた。日常の会話とカウンセリングの場とにおける効果の違いは、そこに肯定的関心があるか、ないか次第だということは、初心者の私にも分かったが、そのメカニズムまでは理解が及ばなかった。

神田橋先生の論において、重要なことは「一所懸命に努めれば」というところにあると思う。一所懸命に努めれば、ずれはごく小さなものになる。大きなずれはこころを硬くするが、小さなずれはこころを揺さぶる。それが肯定的関心によって守られた場では治療的に作用するということだと理解する。

わたしが大学生のころは、学生運動が盛んだった。「内ゲバ」で凄惨な事件が起きることもあったが、その論評において「同質だが、少しだけ異なるものは、まったく異質な場合よりも強く否定的な感情を引き起こす」と聞いたことがある。似て、少しだけ非なるものは、感覚を鋭敏にして、こころを揺さぶる。こころがささくれだつ状況にあれば、その揺さぶりは憎しみの感情を倍加させるだろう。

いじめの被害者と加害者とが、「教師の目には、仲の良いグループに見えた」と語られることが多いが、似た者同士のいじめにおいては、同じメカニズムが存在しているのかもしれない。

18

根掘り葉掘り

　根掘り葉掘り訊くことと、丁寧に聴くこととの違いはね、根掘り葉掘りは、相手に話す準備ができているか、いないかに構わず、こちらの探検隊的関心で訊いているわけだ。

　丁寧に聴くっていうのは、「相手は、この部分をもうちょっと詳しく話したいんじゃないかな？」というところを訊いていくわけです。だから「よくぞ訊いてくださった」と、話す意欲が高まるようだったら、こちらの質問はポイントを突いている。

　で、「えっ？　そんなこと考えてもみなかった」と相手が思うような質問は、根掘り葉掘り訊いているということ。

　相手が話さないつもりだったのを、根こそぎに引っ張り出す質問は警察の尋問だ。

　だから、相手が話していることの延長線上に「もうちょっとここのところを話したいんじゃないかな」というところを訊いていけば、「丁寧に聴いてくださった」ということになります。

（スクールカウンセリングの現場より）

　保護者や教師から「この子が何を考えているのか分からないので、スクールカウンセラーから訊き出してください」と依頼されることがある。こころの奥にあるものが明らかになれば、対応のしようが

分かると思われるのだろう。

　懇願されると、スクールカウンセラーもその気持ちに応えたくなるが、わたしには、そう思って臨んだ面接でうまくいった試しがない。神田橋先生の言う探検隊的関心で訊く姿勢になってしまって、クライエントがこころを閉ざしてしまうからだろう。目の前のクライエントよりも、周囲の評価を気にしている、こちらの下ごころが伝わってしまうからかもしれない。

　また「カウンセラーの先生に何でも話すのよ」と、子どもに言い聞かせている保護者に出会うこともある。回復を祈る親ごころと理解しつつも、尋問の手先にされたようで、居心地の悪さを感じる。

　相手が訊いてほしいことを程よく訊くには、目の前の人が発するメッセージを全身で受けとめるという、当たり前のことを誠実に行うしかないと思う。

19

自己開示

　治療者についてのクライエントからの質問は、距離を縮めたい思いと行いであるのがほとんどですよね。もっと正確に言うと、適切な距離を自分用に設定したいということで、それも多くの場合、縮めたいということなの。

　このケースで、話題提供者はpassiveに自己開示を迫られたときを想定しているけれど、自己開示は積極的な場合もあるんだよ。

　治療者に関する質問がクライエント側から来て、そして治療者側によるデータの提示がされる。そこで提示されるデータはほとんどの場合、スパイを使って調べれば分かるようなデータですね。「家族は何人ですか？」とかね。けど、「先生はどう思いますか？」とかだと、考え方の告白を求めているんだよね。

　データを提示するときは、ほかの会話のときよりも多少、緊張してくるでしょう。おそらく質問する側もいくらか緊張している。

　そういう緊張度の高い、切迫度のある応対のときには必ずhere and nowが大切だということは、みんな知っているよね。「今ここ」ということ。

　そうすると、いちばん大事なのは、クライエントが訊いてきた瞬間の雰囲気だ。そしてこの雰囲気を受けとめた瞬間の治療

者の反応、これがいちばんhere and nowを反映している。

　だから雑談的に訊いているような感じの質問だと、あんまり重要性はないし、雰囲気もでれっとして、こちらも「変なことを訊くなぁ」という程度の反応になる。

　で、この人が質問をした雰囲気は向こう側のことだけど、それに対するこちら側の今の反応、その反応自体を開示することが真の自己開示です。here and now。それが治療的に役立つ。

　「今、突然、私のことを訊かれて、びっくりした」とか、「何となく、言いたくないなという気がしましたけど」とか、こちら側のそのときの反応を開示することが、自己開示の原則です。

　そして、カウンセラーの側に「なぜ、この人が今、この瞬間にこの質問をしたのかな？」という疑問が湧くはずです。で、この疑問が生じたことを伝えるのが、第二の自己開示です。

　そして少しサイコセラピーに場慣れすると、第一の自己開示をせずに、いきなり「今、私のことについて関心が出てきたのはどうしてでしょうね？」とか問い返す。そうするとこれは、第二の反応が開示されることが、「開示」ではなくて、「仮面」になるんです。クライエントはクー・クラックス・クラン*のベールをかぶって返されたような気がする。この切り返し行為の本質は「拒絶」で応対です。

　ところが「今、それを聞かれて、何となく話したくないという気がしたんですよね。なぜでしょうね」とか、自分のことについて「なぜかなあ？」とか言ったりすると、これはすごくいい自己開示になるんです。

　「なぜかなぁ。なんか言いたくないんですよね。あ、そうだ、あなたが質問したのが突然だった感じがしたからでしょうね。だけど、あなたの中では突然じゃないんでしょうね。前々から訊きたいと思っていたことを、訊いたんじゃないのかしらね。だから私はびっくりしたけど、あなたとしては、もう言えるようになったということですかね」というような形にしていくと本物の自己開示だ。

　そしてそのとき、「このクライエントはこれまで、相手のことを把握しないと関係がつくりにくいということがあった人かな」というようなことを考える。人間関係において「人類みな兄弟」と思う人もいるけど、そんな考えじゃなくて、「必ず相手を確かめてから、関係の設定をしないといけない」という経験、学習を積み重ねてきた人かもしれない。

　そしたら「そうですよね。あなたは一所懸命に話してきたけど、私がそのときにどう感じているのかが分からないと、やはり何かわけの分からない人に話をしているような、『暖簾に腕押

し』のような気がしていたんではないかしら？」というような解釈を伝える。そして「そういう感じが私との間に起こったのは、最初からですか？」とか訊いていくと、それが治療関係を深める自己開示なんです。

そこから敷衍すれば、こちらが瞬間、瞬間に、こちらの反応を返すことは、その瞬間、瞬間に関係を構築していく自己開示なんです。そして、さらに考えを広げると、「私は兄弟が何人いまして」とかいうようなことよりも、「今ここに来て、先生と話すのは少し緊張しますね。椅子を少しずらしていいですか？」とか言うことのほうが、はるかに確かな関係が育つことになる。

「緊張しますから、こちらに移っていいですか？」とかは、つくり事では言えないもん。だけど「兄弟が３人います」というようなことは嘘でも言える。だから、それだけ関係の中の迫真性はないの。

興信所を使って、「この人はどこの出身で」とかデータを全部調べればセラピーがうまくいくとか、そんなことは全然ないよね。そういうことは自己開示とか、こころが開かれていくとかとは無縁のことだ。

　＊**クー・クラックス・クラン**……KKK とも呼ばれる白人至上主義の結社。全員が目
　　の所だけ開いたベールをかぶって集まっている。

スクールカウンセリングの現場より

　スクールカウンセラーは医療機関や相談機関に勤務する心理職と比べて、個人情報が伝わる可能性が高い。教育委員会に履歴書を提出しており、学校には自宅の住所も伝わっている。子どもたちは無邪気に「結婚してるの？」「何歳？」などと訊いてくる。そのときのhere and nowを大切にした応答が、カウンセラーとしてのセンスを錬磨してくれると感じる。

　スクールカウンセラーとして、応答にいっそうの工夫が求められるのは、事態への理解、考え方についての自己開示だと思う。いじめ認識や保護者対応のあり方などについて、保護者や教師から、スクールカウンセラーとしての見解を求められることは多い。

　神田橋先生のように、自身の感じや考えを丁寧に、細やかに、的確にことばにしていく修練の必要を痛感する。

こころとからだ

　人間という動物の不幸は、こころとからだが離れていること
なの。こころは迷うけれども、からだはそう迷わない。だから、
その人のからだが欲していることが何であるかを見つけて、そ
の機会を提供することから始めるのが、人をサポートするとき
のコツです。

　「ともかく休め」「何もするな」とかは、からだを労ることに
なります。「まず食べること」とかいうようなこともです。

> ## スクールカウンセリングの現場より

神田橋先生は著書『「現場からの治療論」という物語』（岩崎学術出版社）の中で、からだが感じとることの大切さを述べている。

からだが欲していること、感じていることに気づくのは案外、難しい。

特に自身の能力が問われていると感じる状況では、自分のからだの感じに鈍感になりがちである。専門用語を多用したり、よく考えずに、マニュアルに従ったりしてしまう。

緊急支援で派遣されたときなどは、焦って、自分のからだが自分のこころに向けて発しているサインに気づかなくなってしまう。教師が自身の疲労に鈍感になっていることに、スクールカウンセラーのからだは気づいているのに、からだからのサインにスクールカウンセラーのこころも脳も気づかず、さらに新たな提案をして、教師の心身への負担を増やしてしまう。

スクールカウンセラーはまず、自分のからだに開かれていたい。

アクティング・アウト

　クライエントがやりたかった、してほしかったことを、本人がことばにする前に、カウンセラーが動き回って、逆に混乱させていたのじゃないかと、あなたは思うのね。

　スクールカウンセラーの治療場面を見ていると、もう治療者のアクティング・アウトが、やたらめったら多いんだ。そしてアクティング・アウトはたいていの場合、レスポンスとしてやっているから、クライエントのアクティング・アウトの場合でもそうだけど、そこには作り事が少なくて、真実性があるんだ。そうでしょう？　必ず真実性があるんだよ。

　だからカウンセラーのアクティング・アウトでも、やはりそこに真実性があるから、アクションをちょっとやめて、「私がしてやろうとしていることを、行動じゃなく、言語にする方法はないかしら？」と思うといいの。

　そもそも、「してやろう」という気持ちが出てこないと、これは共感性がないわけで、もう端から何の役にも立たない。

　だから「こんなことをちょっとしてやろうかな」と思ったときに、「待て」と止めてしまわずに、「これを言語の世界でやれないかな」と考える。そうすると、自分の中で技術がひとつ、培われてくるんです。

　現実社会を考えたときには、何か言われたら「それをしてや

ろう」ということがいちばん自然なんだ。それを言語でやるのは、不自然なやり方です。なぜ、不自然なやり方をするかと言うと、取り返しがつくからなんです。

　行動でやったものは、歴史上の事実となるから、取り返しがつかない。「あれは、しなかったことにしてください」「もう忘れてください」とか言ったって、変えようがないものね。行動でやったことは、現実になってしまうから、どんどん事態が進む

　だけど、言語だったら、「あれは、ちょっと言い過ぎたから訂正します」とか言って、取り返しがつくので、いろいろできる。そういう作り事です。

> ### スクールカウンセリングの現場より

　スクールカウンセラーは子どもたちや教師が生きる現実社会に身を置く。しかも「こう伝えてください」「こうしてください」とアクションを求められることが多い。求められなくても、子どもたちと現実社会を共有していると、スクールカウンセラーから「してやりたい」という気持ちになることも多い。

　そのときにアクションを止めるのも、「しない」という形のアクシ

ョンである。

　アクティング・アウトの害は、行動すること、現実が変化することによって内省が止まってしまうことだとされる。土居健郎先生が神田橋先生に「キミ、雨の降るのもアクティング・アウトだよ」とおっしゃったのは有名なエピソードである（『発想の航跡』岩崎学術出版社）。

　それを行動ではなく、言語に置き換えることもまた、内界におけるアクションと言えるかもしれない。だが「取り返しがつく」という一見、平凡に見える結論は、神田橋先生が長年、アクティング・アウトについて思索を重ねてきて得た成果だと思う。「真理は平凡」ということも、わたしは神田橋先生から学んだ。

行動教唆的でないように

　この子が、自分の生まれ育ちについて、お父さんはどんな人だったのかと、悩んでいるということがあるでしょう。じゃ、「お父さんはこんな人だった」と教えてやればいいかと言うと、やはりそうじゃないんだよね。

　「知りたい」という欲求が本人に出てきて、そして自分なりに調べていくことが良いだろうと思うの。

　そしてカウンセリングは、できるだけ行動教唆的でないようにするといいの。「お母さんに訊いてみたら？」と言うのは行動教唆的だ。

　じゃ、どうするか。「知りたいという気持ちがあるの？　それはいつごろからあるの？」と訊くといい。そして「お母さんはお父さんのことを当然、知っているわけだから、お母さんに訊けばいいんだけど、ためらわれるの？　それは、なぜかしら？」と訊いていったらいい。

　そして本人から「お母さんが話さないのは、何か理由があるのかもしれない」というような話が出てきたら、「そこのところだよね」となる。

　お父さんのことが分からないという問題はあるけれども、それをお母さんはあなたに言わないし、あなたも訊かないほうがよさそうだと思うし、お母さんの気持ちが分からないというこ

とのほうが here and now に近いでしょう。

　だから「お母さんがあなたに話さないのは何か理由があるんだろうから、お父さんのことを、お母さんがあまり話したくない理由を訊くことはできないだろうか。訊いたらどうなるだろうか？　あなたの勘ではどう思う？」とか言ってみるの。

　で、本人とお母さんと３人で一緒に会ったときに、「本人は、お母さんが話さないのは何か理由があるんだろうと思ってるみたいですよ」というような話をする。すると、お母さんから「こんな父親でした」というような話が出たりするの。

　だから、重大だと思える話ほど here and now で、できるだけ今に近いところから、だんだん、だんだん訊いていくといいです。

> スクールカウンセリングの現場より

　学校は集団による学習の場なので、「〜しましょう」「〜しなさい」という行動教唆的なことばが多く使われる。ときにはそれに「早く」が加わる。「いろいろ考えたり、迷ったりせずに、とにかく行動しなさい」という教唆である。

　社会では早く行動することを求められる。また早く行動することで身につくことは多い。だが「〜しましょう」「〜しなさい」は、反射的に「〜したくない気持ち」を引き出しがちである。そのときの「〜したくない気持ち」は、いったん発動すると方向転換が難しい。

　スクールカウンセラーが行動教唆的でないことばを使うように努めた場合も、「〜したくない気持ち」が前面に出てくることがある。だがそのときの「〜したくない気持ち」には、スクールカウンセラーと「ともに」眺める余裕がある。ともに眺めるうちに、その奥に「本当は〜したい気持ち」も存在することに気づく場合がある。そういう生徒が、いつの間にか、クラスの雰囲気を変えることがある。

　行動教唆的でないことばを使う能力にスクールカウンセラー以上に長けている教師もいて、「スーパーティーチャー」と呼ばれていたりする。

筋肉行動に結びつく助言

　その教師に助言をした人たちは実際にしてみせたの？　山本五十六の名言に「**やってみせ、言って聞かせて、させてみせ、褒めてやらねば、人は動かじ**」というのがある。その教師は熱心ではあるから、してみせたら、よかっただろうね。

　すぐには筋肉行動に結びつかないような助言、は全部ダメなの。「その子が内側で充実感を感じるようにしてやりなさい」というのは、空想だ。指導のときに空想を言っても、精神論に過ぎないでしょう？　だから精神論を筋肉行動に結びつくように教えてやれる人が、現場の達人なんだ。

　現場でやっている人なら、すぐ分かる。本人に充実感があるときには目の光が違うとか、声の張りが違うとか、さっき、あなたが言っていた「カメラの目」のような感じとは違うと、現場でやってりゃすぐ分かるはずだ。

　そういうのを指標にして、見ていくようにするといいんだ。そんなのは子どもと接しているときには常識でしょ。ミルクをやろうとしても、乳首の吸いつきが悪ければ、「あれ？　身体の調子が悪い？」とか思って、額で熱を測ったりする。それはもう本能的なもので、行動にすぐ結びつく。

　この助言と「行動教唆的でないように」という助言とは、一見、矛盾するようだけど、そうじゃないのよ。考えてごらん。

スクールカウンセリングの現場より

　スクールカウンセラーは教師を対象にした研修会の講師を依頼されることが多い。その際に、論文を引用したような、高度に専門的な内容は、どんなに正しくても、概ね不評である。

　「あ、それやってみよう」と教師がすぐに実行できる、教師の筋肉行動に結びつく小さなコツを、学校の現状に即して、どれだけ細やかに、具体的に提案できるか。それが、スクールカウンセラーの「高度な専門性」のひとつである。

フィードバック

　何か出来事が起きたら、それが組織の流れの中にフィードバックされていけば、物事は動くの。それを、どこかで止めるからいかんの。

　あなたとしては、この公開スーパーヴィジョンの場で組織の問題を話したくなったんでしょう。この場で話すのは勉強にはいいけれど、組織の流れの中にこれがフィードバックされていけば、何かちょっと起こるかもしらん。それが今のあなたにできることだとボクは思うのね。どこかで情報を止めてしまうから、チグハグな事態が起こるの。

　しっかりした堤防をつくるから、それが決壊したときには、大洪水が起こる。大きな堤防をつくらなかったら、小洪水が年中起こって、それに合わせた暮らしの知恵が育つ。だから組織の中でも、小さな波乱をうまく起こすのがコツなのよ。

スクールカウンセリングの現場より

　カウンセリングで聞いた話を、「守秘義務」だとして一切、他言しなければ、重大な事態が生じない限りにおいてスクールカウンセラーの責任は問われず、立場が脅かされる懸念はない。一方で、教師もスクールカウンセラーと同様に守秘義務を負う。扉を閉めてしまったスクールカウンセラーに、敢えて情報提供をする気にはならないだろう。

　情報共有において、スクールカウンセラーとして大切なことは、「何を」伝えたかではなく、「どう」伝えたかである。「これを今、この場で伝えることは、当該の児童生徒にどう利益になるだろうか」と常に考えながら話すと、「どう伝えるか」の配慮と技術を細やかにする。

　それは面接技術のセンスを鍛えることに通じると感じる。

学校が変わる

　これは実際の例ですが、あるひとりのスクールカウンセラーが、ひとりの子どもをとても良くしたんです。そうしたら、学校全体が変わりました。

　それはなぜかと言うと、その子どもの中に隠れていた伸びる力をスクールカウンセラーが引き出すことに成功して、その子が良くなった。そのことが、教師を志した人々の中に眠っていた初心に働きかけたのです。人を育てることにロマンを持って、教師という職業を志したときのことが思い出されて、そういう人たちが動き出して、学校全体が変わる。

　学校の先生は長く勤めると、年金がとてもいいらしい。でも、そんなことを考えて教師になった人はほとんどいないと思うの。誰かが知恵をつけることはあるかもしれないけどね。たいていはやっぱりロマンを持っている。そのロマンに働きかけるのです。「スクールカウンセラーは関係性に働きかけることはできるが、体制に働きかけることはできない」と言われたからって、組織を動かして、学校の体制を何とかしようなんてことは、考えてもつまらないです。スクールカウンセラーはそんな訓練を受けていないから。

　それよりも、事実が見えることが大事。目の前にいるクライエントを生き生きとした人にする。その1例だけで、変化はど

んどん広がります。それを受け入れる素地を、ボケない限り、教師はみんな持っているんです。

> ┌─────────────────────────┐
> │ スクールカウンセリングの現場より │
> └─────────────────────────┘

　スクールカウンセラーには、状況を変えようにも能力の限界があることが多い。例えば教師から職場への不満を聞いても、どうしようもないことがある。

　逆説的だが、それがスクールカウンセラーの強みでもある。何もしないから、ただ聞いてくれるだけだから、教師は安心して不満や愚痴を話すことができる。

　管理職や同僚に不満を訴えれば、何らかの動きが起きる。学校1校当たりの職員数は数十名であることが多い。そこで何らかの変化が生じれば、誰かにしわ寄せがいく危険がある。

　そもそも、みんなにとって良い結果をもたらす変革であれば、スクールカウンセラーに話すまでもなく、改革されているはずである。誰かが背負わなくてはならない無理であったり、どうすればよいのか分からない不備であったりするから、職場のラインから外れているスクールカウンセラーに話して、こころが生きしのぐ支えを得ようとしているのである。

　その思いを汲んで、ただ傾聴し、状況を変える現実的な動きは起こさない節度をスクールカウンセラーが保っていると、愚痴を言っているだけに見えていた教師の表情が変わっていき、次第に状況も良い方向に転じていくことがある。

フォーカシング

　ジェンドリン*が来日したときに、「フォーカシングは、ボクにとっては逆転移の認知にいちばん役に立った」と言ったら、ジェンドリンがすごく喜んだのが、印象深かったです。ジェンドリンの中に、その視点がなかったのかもしれない。

　だから、逆転移を認知して、把握して、明細化していく方法として、ぜひフォーカシングの技法を身につけてください。逆転移はフォーカシングを使わないと、理論のほうに入ってしまって、ダメです。フェルトセンスが間に入らないと、逆転移の認知は頭でっかちになってしまいます。

　逆転移はフォーカシングで認知できれば、起こっていることがただありのままに見えている、というだけのことに変わります。

　*ジェンドリン……ユージン・ジェンドリン（Eugene, T. Gendlin, 1926〜2017）は、アメリカの哲学者・臨床心理学者。カール・ロジャーズのもとでカウンセリングを学び、体験過程理論を構築。フォーカシングの創始者として知られる。

> スクールカウンセリングの現場より

　学校にいる間、スクールカウンセラーはさまざまな人のいろいろな思いにさらされる。

　カウンセリングをそれぞれに引き受けていたふたりの生徒が、いつの間にか、いじめの加害者と被害者の関係になっていることもある。スクールカウンセラーが知らなかった教師間の人間関係が、ケースに影響を及ぼしていることもある。

　たくさんの思いが押し寄せる中で、スクールカウンセラーは瞬間瞬間の判断を求められる。そのときに、フェルトセンスが知恵を授けてくれるのに気づくことがある。

　「何か気になる」「何かある」と感じるフェルトセンスは、もしかしたらフロイト＊の言う「平等に漂う注意」や、神田橋先生が言う「からだＴ」（『「現場からの治療論」という物語』岩崎学術出版社）と似たものかもしれない。

　フォーカシングの第一人者である村山正治先生が、日本のスクールカウンセリング制度の基本をつくり上げたワーキンググループの代表者を務められたのも、無意識の連鎖が作用していたのだろうか。

　いずれにしても、「起こっていることがただありのままに見える」のはとても難しい。

＊フロイト……ジークムント・フロイト（Sigmund Freud, 1856〜1939）は、オーストリア生まれの精神科医。自由連想法、無意識の研究を行い、精神分析学の創始者として知られる。20世紀最大の思想家の一人。

第3章

治療論

フォールス・セルフ

　この子が防衛として、あるいはウィニコットふうに言えばフォールス・セルフとして築き上げてきた「とりあえず外づらを取り繕う」ということ、「自分はこう思っているけど」とか言いながらも、行動には移さないでいること。それが、この子の激情からくるアクティング・アウト、を防止する枠の役割をしているわけです。だから事例提供者が「治療の影響で起こるんじゃないか」と心配したような事件が起こらないで済んでいる。

　この子が、感情反応を自分の行動から疎外しておく能力を育ててきて、それでなんとか適応してきたことが、今度は、治療が危ない局面になったときに、役立っているわけだ。

　だから精神分析をやる人たちが、「防衛がその人の成長を妨げているから、防衛をはずせば人間は成長する」と言うような、そんな単純な考えでいてはいけないの。

　と言うのは、治療を進めて、クライエントが成長していくときに、その成長過程で起こるいろんな波乱万丈、がひどくならないように、クライエント自身を支えているものは、やっぱりその人がそれまでに育ててきたフォールス・セルフなんです。防衛です。

　だからボクは防衛を悪者にしないために、防衛ということばをやめて、「工夫」と言い換えるように言ってるんだよ。

⌜スクールカウンセリングの現場より⌝

　カウンセリングでは嫌なことも、恥ずかしいことも、なんでも包み隠さず話すことが治療になるという誤解が一部にある。クライエントに付き添ってきた教師や保護者が「カウンセラーに何でも話すのよ」と、言い含めるように話す場面には何度も出会った。

　そう言われて、クライエントに緊張の雰囲気があるとき、わたしはクライエントに「話しやすいことから話してね。話したくないことは話さないでいることも大事」と伝える。クライエントの肩の力がふっと抜けるのを感じる。

　カウンセラーの中にも「包み隠さず話すことが大事」という考えを持つ人がいる。わたしはある中学の校長から「スクールカウンセラーと会った後、必ず具合が悪くなる生徒がいて困る」という相談を受けたことがあった。そのスクールカウンセラーは、来談した生徒の秘密をよく知っていた。

　スクールカウンセリングの大きな特徴は、来談者である生徒や保護者や教師の生活の場でカウンセリング行為を行うということである。医療機関でのカウンセリングでも、終了後に、来談者が現実の場にスムーズに戻っていけるように配慮することは当然だが、スクールカウンセリングでは相談室のドアを開ければ、すぐに現実が待っている。廊下に出てすぐに、友だちに声を掛けられるかもしれない。

　トゥルー・セルフはこころの裸である。対するフォールス・セル
フは社会での役割に応じて、着替える衣装、仕事着のようなものだ
ろう。人は本来、健康な衣装替えをして多重人格を生きている。そ
れが実相である。状況にふさわしくない衣装を身に着けて、社会的
に不都合を起こしてしまったときに、多重人格が障害として認知さ
れる。

　スクールカウンセラーは特に、その子なりの状況にふさわしい衣
装を身に着ける余裕を与えないまま、裸で現実の中に放り出すこと
がないように気をつけたい。

外界を変容させる力

　治療が成功してるっていうことの大きな指標は、「自分の利益になるように外界を変容させる、能力が増えてる」ということなんだよ。

　成長はすべてそう。生命体としての自分が、より自分に合うように、外界を変容させる力が増えていくのが成長なんです。

　これは、植物にさえ応用できるような定義です。

　例えば石の上に種が落ちて、生えた小さな木が、石の上にある少しの土でなんとか大きくなって、それがずっと根を伸ばして、いつか石を割ることがある。石を割ることに成功したら、その木は養分をたくさん吸って、もっと大きくなれるのよね。

　自分の利益になるように外界を変容させる能力が増えてくることが、成長なんだよ。

スクールカウンセリングの現場より

　幼く、無力だった子どもが、成長とともにさまざまな能力を身に
つけ、その能力によって外界を変容させていく。無力であったころ
に適切な支援を得られた人は、成長したときに周囲の、より無力な
人々がまた適切な支援を得られるように、外界を変容させていくだ
ろう。

　そのとき、「外界を変容させる力」はセルフ・エフィカシー（自己
効力感）やセルフ・エスティーム（自尊感情・自己肯定感）と言わ
れるものと同義になる。セルフ・エフィカシーやセルフ・エスティ
ームが目に見える世界に芽を出したのが「外界を変容させる力」と
言える。

　石は小さな芽生えを支え、育み、やがて自身は大地にかえってい
く。大きくなった木も年月が過ぎれば、やがて朽ちていくこともあ
るだろう。神田橋先生の治療は常に、自然の摂理の中にあると感じ
る。

洞察

　昔、西園昌久＊先生に教わったことがあるんです。

　「こんなことを言わなくても、本人はもうちゃんと知っているだろう」と思うようなことを言うのが、正しい解釈で、洞察を生むんです。

　「もう知っているはず」と思って言うと、そこで患者が初めて、「あ、そうですね」とか言って喜ぶ。それは、もう知っているんだけど、知っているのは前意識で、意識はまだ知っていないんです。

　だからカウンセラーから見て、「もう分かっているはずだ」と思って言うと、クライエントがとても喜ぶことがあります。反対に、「本人は知らないみたいだから教えてやろう」と思って言ったら、洞察は全然生まれない。

　体験として、こういうことは、しょっちゅうあるんですよ。これは「前々から知っていたこと、に改めて気づいた」というような表現になる。

　「前々から分かっていたのに。馬鹿だな」とか思ったりするのが、いちばん正しい、良質な洞察なんです。

　自分は変化しているんだけど、変化していないとも言える。「自分を取り戻した」という感じ。変化したという意味では変化したんだけれど、何も変わってないという意味では変わっていない。

それが、洞察ということです。

*西園昌久……1928年福岡生まれ。精神科医。福岡大学名誉教授。心理社会的精神
医学研究所を開設し、後進の教育・指導に勤しむかたわら、日本精神神経学会、日
本精神分析学会、日本精神分析協会など多くの学会の会長を歴任。

＞ スクールカウンセリングの現場より ＜

　カウンセラーが「きょうのカウンセリングは手ごたえがあった」
「クライエントを深く理解できた」などと感じていると、次の面接が
キャンセルになることがある。連絡なしのドタキャンの場合もある
し、申し訳なさそうに言い訳しながら、断ってくることもある。

　カウンセラーが「展開があった」と感じるとき、その面接は、ク
ライエントに無理な成長を求めるものになっているのかもしれない。
クライエントはカウンセラーの期待に応えたいが、だが、できなく
て、苦しくなるのかと思う。

　わたしは幸運にも、面接の記録をお手伝いする立場で、西園昌久
先生の陪席を3年ほどさせていただいた。

　ある日、それまで律儀に通院していた患者が、診察をキャンセル
した。西園先生は「前回の面接で、僕が解釈を伝えるのが早過ぎた。
僕の失敗です」とおっしゃった。その翌週、患者はキャンセルした
ことを詫びながら、診察室に戻ってきた。

　すでに日本の精神科医療の第一人者として、その名を不動のもの
にしていた先生の謙虚で率直なことばのありように、わたしは臨床
の仕事に携わる者としての基本を教えていただいた。

未来を指す提案

　行動療法では、不安が起こってきたときに、その不安を解消しようとする症状行為を付け加えることによって、逆に不安は固定化していくと考えて、反応妨害法＊というのが考えられたの。

　反応妨害法とは、不安が起こったときに「こうすればその不安は解消する」と意識しながら、でもそれをせずに、じーっと我慢していると、その不安がフェイドアウトしていく。だいたい40分か1時間ぐらいでフェイドアウトしていって、その結果、不安の起きる力も収まってくる、という原理を使ってやるわけです。

　その話を本人にして、「そういう治療法があるんだけど、どう思いますか？」と訊くのがいいの。と言うのは、「反応妨害法という、元の不安が減っていく治療法があるんだけど」っていうのは、未来を指している提案でしょう？　「そういう治療をやってみたい？　みたくない？」と聞くと、未来のほうに目を向けさせる第一歩になるよ。

　で、もしやってみたい希望があれば、その治療をしている人を探してあげればいい。

＊反応妨害法……それまで不安を下げるためにしていた強迫行為をあえてしないこと。

（厚生労働省のHPにも詳しい解説がある。https://www.mhlw.go.jp/file/06-Seisakujouhou-12200000-Shakaiengokyokushougaihokenfukushibu/0000113840.pdf）

（ スクールカウンセリングの現場より ）

　最近はスクールカウンセラーが２人配置、３人配置されている学校も増えているが、多くの学校では今も１人配置である。スクールカウンセラーにも、それぞれ得意な技法、不得意な技法がある。

　この来談者には、あの技法が向くと思っても、他校のスクールカウンセラーへの紹介は自治体や管理職の意向もあり、手続きも難しいことが多い。医療機関への紹介であれば、保険が使えるので少し敷居が低くなるが、有料の相談機関への紹介は、家庭の経済力から難しい場合も多い。スクールカウンセラーへの相談は無料なので、少し無理をしながらでも、引き受け続けることになる。

　スクールカウンセラーとしては誠に申し訳ない気持ちになるが、「こういう方法もあるのだけれど」と情報提供を続けるうちに、来談している子どもたちや保護者が思いがけず元気になることがある。

　人が絶望するのは、未来に向けて打つ手がないからではなく、ともに未来を見る人の存在がないからかもしれない。

認識

　「不安になってきた」ってその人が言ったでしょ。そうした
ら、「今、不安が起こってきたのは、さっきから話題にしてきた
ことと何か関係があるかしら？」って問うのがいいよ。認識を
増やして、マクロの世界からミクロの世界へと面接の焦点を絞
っていく。

　認識っていうのは知的な作業で、それを導入することによっ
て、カウンセリングという援助活動がもっと技術的になる。そ
うすると、カウンセリングは認識活動、ことに言語がからんで
くるような認識活動が得策であるという考えにつながるんです。

　「それを言っちゃぁおしまいよ」とか、「ことばにするとしら
けるよ」とかいうことと同じことなんだよね。的確にことばに
することによって、ことばがつくり出してくる認識界の中に、
エネルギーが吸収されて、しらけが起こることが、カウンセリ
ングのいちばん中心のドグマだ。

　そのためにはまず、ことばになっていない認識、気づきを見
つけて、それを言語にする。ことばになっていない認識とは何
かと言うと、ジェンドリンの言うフォーカシングだよね。だか
らフォーカシングをすっ飛ばして、フェルトセンスがない状態
で言語にすると、それを「机上の空論」って言うの。

　体験が連続的に、フェルトセンスを通して、言語的な認識の

ほうに入っていくようにすることが、カウンセリングのいちば
ん基本原理になるんだろうと思うんだ。

そうでなくて、関わり合いによって良くなるって言うんだっ
たら、イルカを前にしていればいいんだ。それも悪くはないけ
どね。イルカ療法はそうだろうと思うけど、情熱と努力と筋肉
活動と奉仕の精神、そういうものだけで構成されたカウンセリ
ング、が最終的に目指すのは聖女みたいなね、「私のそばにおい
で。そうすると癒やされるよ」とか、そういうのを目指してや
ることになる。そんなのは、なかなか大変だ。聖女になるには
素質がいるしね。

だから、フェルトセンスを感じ取って、言語にして、しらけ
させる。そして、しらけの中で、本人の意欲が「方針」という
形に変わっていく、というのが人間に向いたケアだと思うの。

だから逆に、知的活動では援助活動としてあまりプラスになら
ない人には、イルカ療法とかペット療法とかがいいのよね。
まだ人間らしくなっていないような人、例えば生まれたばかり
の赤ちゃんとかはことばは通じんし、イルカ療法みたいなのを
するのがいいんじゃないかな。カンガルーケアとかね。

　小学校低学年の子どもたちは、まだ言語能力が発達途上にあるので、言語だけでの面接は難しい。だが、プレイルームの設備がある小学校はそう多くはない。時間帯が合えば、授業で使っていない体育館を借りることもできるが、予期せぬ時間割変更によって、こころをかき乱される危険もある。レギュラーな対応として、構造を維持することは難しい。

　そこで相談室に柔らかいボールを持ち込んだり、あるいはゲームや折り紙、粘土などを使ったりして、プレイセラピーに近い対応を工夫しているスクールカウンセラーは多い。

　そうして窮屈な環境でプレイセラピーもどきを続けていると、苦境をともに工夫でしのいでいる仲間の連帯感のようなものが、子どもとスクールカウンセラーとの間に生じることがある。苦境で生じる連帯のわずかな甘味の共有は、子どもが厳しい日常の中でふと感じる安らぎに通じるところもあるらしい。そんなときに子どもから咄嗟に発せられたことばが誠に場にふさわしく、成長に感動することがある。

　はっとさせられたそのときに、神田橋先生の「認識」という助言を頭に留めておくと、より的確なカウンセリング的対応が可能になるだろう。

同行二人
_{どうぎょうににん}

　本人が変化したわけでなくても、ひとりで頑張っていたところに、誰かが気持ちに寄り添ってくれたので、力が出ることがある。元気が出てきて、「よし、もう一度やってみよう」となる。そして「そう言えば、ああいうこともあった。忘れてた」と思い出したりするのは、余裕が出来てきたということですよね。

　これが実は理想的なカウンセリングなんだ。

　「マリアさまが聞いてくださった。よし頑張ろう」とか言って、マリアさまは何もしていないけど、何となく寄り添ってくださっているという気分があるから、元気になる。

　それは四国のお遍路さんが、「同行二人」って笠に書いているのと同じなの。

╭─────────────────────────╮
│ スクールカウンセリングの現場より │
╰──────────────┬──────────╯
              ▽

　いじめ被害の訴えを聞くと、早く解消してあげたい気持ちになる。だが即座に解消の妙案が浮かぶことはまれである。

　「相談しても、相手にしてもらえなかった」「逆に『いじめられるあなたに問題がある』と説教された」という話も聞く。解消の方策が見つからないと、相談された側は、見て見ぬふりや責任転嫁をしがちである。

　スクールカウンセラーとして、わたしもいじめの相談に応じてきた。最初はどう対応してよいのかと途方に暮れるが、何度も話を聴くうちに、解消の方策が見えてくることがあった。あるいは、被害を受けている本人がいつの間にか上手に対応できるようになって、いじめが解消するということもあった。

　暗い夜道も、誰かが一緒に歩いていると、「幽霊の正体見たり枯れ尾花」の句のように、ススキはススキとして、ありのままに見える。

　丁寧に話を聴き、「聴かせてくれて、ありがとう。また聴かせてね」と寄り添う誰かがいることが、苦境を救うことも多い。

　いじめ問題は早期解消より早期対応、肯定的関心を持って、ゆっくりと話を聴くことから始めるのが鉄則である。教師にはその時間的余裕がないことも多い。スクールカウンセラーの出番である。

サポート

そういうふうに事態がいいほうに動いた経緯について訊くのは、あまりストレスフルな問いではなさそうじゃない？

「その新しい試みがうまくいけばいいね」と、カウンセラーが願っている雰囲気が伝わるといいと思うんだよな。それが、サポートということです。本人は新しい話題、しかも希望がいくらかあるような話題について話しているのだから、それに乗っかってあげることは、差し当たってのサポートでしょう。

治療者はどうしても、何かいいことをしないといけないと思ってしまうのね。

そのときにいつも考えるのは、昔、ボクが訳した本の中に出てきた喩えです。正常分娩に立ち会っている産婦人科医はすることがないわけだよね。そこで新米の産婦人科医が「ちょっと何かしよう」と思って、手を出したら、出産のプロセスを歪めてしまう。

だから産婦人科医は、助産師さんがうまく正常分娩を助けているのを見ていて、緊急事態が生じたときに備えているんだと分かっていないといけない。そういうようなことです。

今、起こっている、いい方向に向いているプロセスに対して、変な手出しはしないで、何とかうまくいくようにと願う気持ちを持っているということだ。

　そうすると、今、ここで心理テストをしたり、絵を描いたり
させることは控えるだろう。この子はこころを診てくれる病院
にも行かにゃならんし、カウンセラーと絵も描かないといかん
となると忙しくなって、せっかくやりたくなった勉強どころじ
ゃなくなる。

　治療者が張り切って、熱心にやっても、そんなことになっち
ゃうからね。

スクールカウンセリングの現場より

　赤ちゃんは生後間もなく、自分の手を動かして、じっと見つめる
ようなしぐさをすることがある。最近は、それをハンド・リガード
と言って、子どもの発達の過程であることが、お母さんたちにも知
られるようになってきた。赤ちゃんがハンド・リガードを始めたと
きには、声をかけたりせずに、そっと見守るのが良いとされている。

　子どもが自らの意思で何かを始めたときにも同様に、親もカウン
セラーもそっと見守るのが良いと思う。子どもは想像したり、工夫
したり、失敗したりしながら、いろいろなことを学んでいく。

　手も出さず、口も出さずに、そっと見守ることは案外、難しい。
見守るには適度な距離を保ちつつ、しかも目をかけ、気にかけ続け

ることが求められる。

　見守ることが難しくて、つい干渉してしまったり、あるいは突き放してしまったりする保護者に出会ったとき、わたしはひとつのテクニックとして、スポーツ中継を真似て、実況アナウンスをするように勧めている。声に出してアナウンスをすると子どもも乗ってくることがあるし、こころの中でつぶやいても、母親にとっての心理的な効果は同じくらいにあると感じる。

クライエント・センタード

　だんだん賛成しない人が多くなっているけれども、カウンセリングのいちばんの理想形は「クライエント・センタード (client-centered)」なの。

　ロジャーズ (Rogers, C. R.) の「クライエント・センタード」ということばの中には、やや無理をしてでも、クライエントの自主性に信頼感を持つほうがいいんだという考えがある。良い方向へと変化していくクライエントの力を、セラピストが信頼していることが大事。

　何も「信頼していますよ」と言わなくてもいい。ノンバーバルな形であっても、「クライエント・センタード」であれば、さりげなくクライエントを励まし、伸びていく力を支える。

　それは、良い親の場合と同じだな。良い親は心配をしながらも、子どもの伸びていく力を、少し無理をしてでも信頼しながら、子ども中心でいることを自分に言い聞かせている。それと同じことなんだ。

　だから、いつも「クライエント・センタードが理想形なんだ」と思ってカウンセリングをしてください。

> **スクールカウンセリングの現場より**

　「クライエント・センタード」であることは難しい。話を聞いているうちに、セラピストの側の感情が揺さぶられて、つい反応してしまうことがある。反応している自分に気づいて、修正しようとするが、そのときには、セラピストとしての自己評価に気持ちの一部が奪われてしまっていることがある。

　神田橋先生が言うように、「クライエント・センタードが理想形なんだ」と思い続けながら、修練するしかないのだろうと思う。

出会った関係に別れはない

　昔、ボクがロンドンに留学するときに、渡航の時期を、ウィーンで国際精神分析学会があるのに合わせたのよね。そこで山村道雄＊先生にお会いして、ウィーンの会場近くの芝生に寝転がって、「こうして自分の患者と別れると、いろいろとその患者のことが分かって、また考えが深まります」と言ったら、山村先生は「ふん、ふん」と聞いて、「毎回別れとるのにね」とおっしゃった。ボクはびっくりして、「そうですか」と答えた。

　山村先生はそういう方だった。禅をやってこられたからだろうね。「毎回別れとるのにね」と言われました。

　だから「別れる」と「つながる」とは、別のことではないのです。共在し得るのです。そこから「出会った関係に別れはない」が、ボクのセリフとして出来てくるわけです。別れた存在であることと、一緒にいることとは、両立し得るのです。

　それについては、論語に「君子は和して同ぜず。小人は同じて和せず」ということばがあります。小人は同じ考えのようでいて、喧嘩になったりする。

　だから、違う存在なのだと気づいたがゆえに、みんなと仲良くやれるということが生じますから、みなさんもそれを考えていってください。

＊山村道雄……丸井清泰から精神分析を学び、日本の精神分析黎明期に活躍した精神科医。1969年から16年間、日本精神分析学会会長を務めた。

> **スクールカウンセリングの現場より**

　近年、ひとりでいることは恥ずかしい、情けないことになりつつあるらしい。「ぼっちと言われた」と、スクールカウンセラーにいじめ被害を訴えてくる子どもたちがいる。「ぼっち」は、2010年代からよく耳にするようになったことばだが、子どもたちの訴えを聞いていると、「ぼっち」でいることがつらいのではなく、「ぼっち」と位置づけられたことがひどく屈辱的であるらしい。

　友だちがたくさんいること、コミュニケーションが上手であることに価値があり、ひとりでいること、口下手であることは価値がないという見方が、社会に浸透しつつある。その価値観に合わせて、子どもたちは、周囲から「ぼっち」と見られないように、見かけだけでも常にみんなと一緒にいるように振る舞う。スクールカウンセラーとして学校にいると、痛々しいほどに、周囲に気を遣っている子どもたちと出会う。

　「仲間外し」に遭うのを恐れる子どもたちは、誰かをターゲットにして外すことで、自身の安泰を図ろうとする。自分がターゲットにされる気配に気づいた子どもは、不安になる。不安に駆られた者を追い詰めるのは、容易である。ちょっとした仕草にも動揺する。こうして各人が内側に抱える不安の結果として、いじめが先鋭化していく。

　ウィニコット（Winnicott, D. W.）は「一人でいられる能力」（1958）と

いう論文（『情緒発達の精神分析理論』Ｄ・Ｗ・ウィニコット著、牛島定信訳、岩崎学術出版社）において、「一人でいられる能力は情緒的成熟とほとんど同意語と言ってもいいぐらい」だと述べている。

　そのことを伝えると、ほっとした表情になる子どもがいる。「ひとりでいてもいいと、初めて聞いた」と話した女子中学生もいた。

　ある教員対象の研修会で「一人でいられる能力」を話題にしたことがある。終了後、そばに寄ってきた教師は一言、「一人でいる子はやっぱり問題ですよ」と言い置いて、去って行った。その視線がある限り、「仲間外し」や「しかと」は、いじめとして力を持つ。

　ひとりでいても、内側に誰かの存在を感じることがある。みんなといてもどうしようもない孤独を感じることもある。ウィニコットは上記の論文において、「一人でいられる能力」は「とてつもなく複雑な現象」と述べている。「別れる」と「つながる」が共在し得るように、「一人」と「みんな」も共在し得る。

　ひとりでいられる人だけが、みんなと一緒にいることができる。そのことを子どもたちに丁寧に伝えていきたい。

原点

　いいよね。この場合のように電話でちょっと話すとかさ、そういう、行きずりの一期一会的心理療法っていいよなぁ。

　これをモデルにして、これの変形として、インテンシブな心理療法は出来てきたの。

　一期一会的心理療法はインテンシブな心理療法を水で薄めた水割りだ、と考えるのは間違い。こっちが原点だ。所詮、人と人は行きずりの一期一会の関係なんだから。

　もうひとつの原点は、近所のおばさん的心理療法。

　そういうのが原点で、それにいろいろとくっつけていく。それを、われわれが今やっているんだと考えれば、だんだん「統合的心理療法」というものに近くなっていく。

スクールカウンセラーの仕事は、相談室で個別面接を引き受ける
だけでは、期待されている役割のほんの一部を果たしたに過ぎない。

同僚でもある教師とは、職員室で雑談をすることもあれば、休日
に偶然、街中で出会うこともある。また登校する生徒たちと、出勤
の途上で出会って、学校まで話しながら一緒に歩くこともある。昼
休みの廊下で、生徒たちのおしゃべりの輪に自然に引き込まれるこ
ともある。

スクールカウンセラーは、相談室にいるときだけがカウンセラー
ではない。子どもたちや教師、保護者にとっては、どこで会っても、
「スクールカウンセラーの先生」である。どう対応するか、一瞬の判
断が求められる。そのときのちょっとした一言が、何回もの個別面
接よりもこころに届くことがある。

医療機関や相談機関などに勤務するカウンセラーは、職場を離れ
ればただの人である。街中でクライエントに出会っても、先方から
声をかけられない限りは、知らぬ顔をしているのが適切だろう。

スクールカウンセラーも街中で、相談室に来ている保護者と一緒
になることがある。そのときには、医療機関や相談機関で会うクラ
イエントに対するのと同様の対応が原則だが、目が合ったら、目立
たないように会釈を返して、その後の対応は、先方の判断を待ちた
い。それが近所のおばさん的親切だと思う。

第4章

人のつながり

37

here and now

　難しいケースほど here and now、つまりセラピストとの関係を話題にするの。

　難しいケースというのは、難しい病気というわけじゃなくて、解決の方法が見つからないことが難しいの。

　例えば身体の病気で言えば、「腎臓がもうダメになってるから、透析をしなきゃいけません」という状態は、たいへんな症例ではあるけれど、透析するという対処の方法が取りあえずはあるから、治療者にとって、難しい困るケースではないわけ。「難しい」は病気の重症度ではないの。こちらがサービスをする手がないから、手の打ちようがないから、難しいケース。そういう難しいケースほど here and now。透析は重症であっても、心理治療としては難しくない。「信頼できる透析の先生を紹介しましょう」と言ってあげればいい。

スクールカウンセリングの現場より

　スクールカウンセリングではすぐに対処の方法が求められること
が多い。特に教師のコンサルテーションでは、「どう対応したらいい
ですか？」と具体的な即答が求められる。だが不登校や非行などの
事例においては、スクールカウンセラーが即座に思いつくようなア
イデアはすでに試みられていることが多く、答えに窮して、スクー
ルカウンセラーは無力感に陥ってしまう。

　そのようなときも、困っている教師の気持ちを受けとめ、ため息
をつきつつ、対応の方策を一緒に探るうちに、教師自身の工夫によ
って、道が拓けることがある。「ああでもない、こうでもない」とと
もに頭をひねり一緒に嘆くことが、教師を支える力となり、それが
子どもたちに伝わるのかと思う。対処の助言の中身はthere and then
である。それを抱える構造としてのhere and nowのつながりが、確
かなものとして人のこころに伝わるのだろう。

なぜ死んだらいけないのですか？

「なぜ死んだらいけないのですか？　と自殺念慮のあるクライエントさんに訊かれたら、何と答えますか？」という質問。これは難しいよなぁ。

そういう質問をされる治療者というのは、うんと関係が濃いから質問されているわけで、そうすると、この問いは関係をさらに深めていこうとする、本人の願いの表現形だと思うの。

「なぜ死んだらいけないのですか？」という問いに対して、相手に届くような答えを、あなたが持っていない。だから、あなたは困る。答えを持っていないで困っている人が、その困っていることを伝えれば、対象関係はもっと濃くなります。

それは「あなたの疑問は問われる価値のある問いである」と、治療者が保証したということなの。

この子の必死の問いの中に、本人のこころが乗っかっているんです。そのこころが、「あんたは、くだらんことを訊く」とは扱われなかったことによって、しっかりと受けとめられたということなんだ。

「あなたがこの問いに到達したことが、とても大事なことだと思う。生きる意味、自殺あるいは人を殺してはいけないという意味について、私も勉強するチャンスがあるといいなと思っていたから、一緒に勉強して、その答えを見つけよう。あなたに

も、私にも、このテーマはとても大事。私も答えを見つけていないから、一緒に見つけよう」と言う。

　そうすると、その関わりが、この子の人生の中で欠けていた「確かな関係の場に身を置く」体験の代理物として、遅まきながら役に立つ。

　　　　　スクールカウンセリングの現場より

　スクールカウンセラーとして、子どもたちと話していると、答えに窮する問いをされることがある。すぐに答えられないことを問うて、スクールカウンセラーが戸惑っている様子を見ている彼らが気楽な雰囲気のときには、こちらも気楽に返せる。

　だが、気楽とは言い難い雰囲気を感じるときがある。そんなときには慌てて答えを出さずに、「少し考えさせてね」と答えて、「ああかな？　こうかな？」と言っていると、彼らから驚くほど深いことばが出てくることがある。

　難しい問いについて、彼らは彼らなりに考えを深めていて、その考えを述べて、それを本気で聴く人を求めているのかもしれない。

連帯

　虐待を受けている子どものケースは、やりきれないよねぇ。ボクは虐待されている子どもたちには、相互扶助の雰囲気をつくってあげるといいと思うの。不幸な子どもたちは、不幸な子どもたちだけで連帯できるシステム、そういう雰囲気が必要な気がするんだ。

　虐待された子どもたちを考えると、ボクにはどうしても『禁じられた遊び』の映画が思い浮かぶの。不幸な子どもたちが、ふたりだけの共有世界をつくることで、絆の乏しさを耐えていく。

　今の養護施設は、あまりに、子どもたちの連帯に焦点を当てていないような気がするんだよね。一人ひとり、ばらばらで、いい子にしていく。それより、お互いに協力し合うような、そんなことが必要ではないかなと思っています。

　だから虐待されて、養護施設に保護されている子どもたちに、新しく施設に来た、虐待された子どもを保護する役割をさせることで、連帯ができるんじゃないかなと思うんだ。虐待された子どもに対して、同じように虐待された子がサポートするような構図をつくれないかなと、部外者としては思うんです。

　例えば暴走族の集団は、本人たちの中でルールをつくったりして、結束している。あれが本人たちにとってサポートになっ

ている。ああいう構図は自然発生的なもので、社会的には困る
けれども、個々の成員から見たら、とても健全なものなのでは
ないかと思うんです。

　ボクが好きなテレビ番組で、すごく少ない予算で部屋を改造
してくれるというのがあります。そんなのできるわけがないと
思ったら、昔の暴走族や不良の仲間だった人たちがわっと集ま
って、大工さんとかパワーショベルの運転手とか、そういうこ
とで生計を立てている仲間が来て、職場から廃材とか、いらな
い材料とかを持ってきて、あっと言う間に立派な家ができた。

　ヤンキー時代には大変なことをした人たちだったろうけど、
「何があってもわれわれの友情は壊れない」という感じで、とっ
てもいい雰囲気だった。そういうことです。

スクールカウンセリングの現場より

　「心理的ディブリーフィング（debriefingの本来の意味は兵士による上官へ
の任務報告）」の起源は、危険な職務から帰還した消防士がお互いに体
験した状況を報告し合うことだったらしい。命の危険を体験した者
同士が、自然発生的に体験を話し合うことが心理的ケアに役立つこ
とが分かって、トラウマへの対処法として広まった。

　学校に事件や事故、自然災害などによる心理的ケアが必要な事態が生じると、緊急支援スクールカウンセラーが派遣される。学校管理職やスクールカウンセラーの「何かをしなくては」という思いもあって、対象と目される生徒全員へのカウンセリングが計画されることなども多い。

　だが筆者の経験では、学校の緊急事態で心理的ストレスを最も強く感じるのは教師であり、特殊な場合を除いては、教師が支えられると、子どもたちへのケアも、日常的に関わりのある教師によって必要十分に行き届く。

　そして第三者の立場の緊急支援スクールカウンセラーによる教師へのカウンセリングも役立つが、教師同士の慰め合いや労り合いが最も効果的であることが多い。同じ傷を負った者同士ゆえの「惻隠の情」が働くからだろう。

　虐待を受けた子どもも、暴走族で社会に迷惑をかける子どもも、程度の差はあっても、みな傷を負っている。傷を負った者はときに激しく、自分より弱い者を攻撃する。攻撃を厳しく制御しながら、彼らの「惻隠の情」が発動されるような緩やかさとのバランスが求められる。

　誰かを守ることができた体験が、その後の人生の支えとなることは多い。

手助け

　この子のお父さんは病気でしょっちゅう寝込んでいて、お母さんが働いて、家計を支えてるでしょ。その家族の苦境に対して、この子もいくらかそこに力を注いでいますか？

　子どもは、そういう家庭の苦境に、自分も一員として参加している感じを持つと、とても力が出るものです。「お前はそういうことは考えないで、勉強に打ち込みなさい」とか言われると、全然力が出ない。

　子どもはみんな、何らかの形で自分も家の苦境に手助けをしている、という意識があると、力が出て、学校に行けない日があっても、不登校にはならない。お父さんが入院して、付き添いをしなければいけないときに、学校を休むことがあってもね。

　昔、ボクらの小さいころは、稲の刈り入れで忙しいときなんかに、子守をしないといけないので、学校を休む子たちがよくいたけれども、そういう子は不登校にはならない。みんなが「立派だ。よく頑張っとる」とか言って、先生も特別に勉強を教えてくれたりなんかしてた。助け合いの輪が広がってね。

　お母さんが頑張り過ぎて、家の苦境に参加させてもらえないことが、この子の不登校の原因かもしれないです。本人は助けたいと思っているのに、「何が何でも子どもに家庭の苦労を及ぼさないように、勉強させよう」とお母さんが頑張ったので、子

どもは勉強に打ち込む気になれないという場合があるんです。

> スクールカウンセリングの現場より

　不登校の子どもたちの回復過程で、登校再開の前に、家の手伝いを始めることが多い。家庭という、いちばん身近な社会の一員として機能した確かさが、学校という外の社会への足掛かりになるのかと思う。

　手伝いの最初のきっかけは、母親がひとりで行うには難しい、高い場所の掃除であったりすることが多い。風呂場の天井のカビ取りを手伝ったことがきっかけで、風呂掃除に興味を持ち、しばらくして学校に戻って行った男子中学生がいた。

　親の手助けになって、感謝されることの心理的意味は大きいだろう。ましてや家庭が苦境にあるときにはなおさらだと思う。

よそよそしい

　「よそよそしくなる」というのは、その人の今の状況に対する適切な反応でしょう。「よそよそしくならない」としたら、ちょっと無理があったり、相当、腹黒い人だったりするわけで、「よそよそしい」は自然な反応なの。

　だから相手に合わせて、こっちも、ちょうどいいぐらいに、よそよそしくしてあげるのがいいよね。それは、場を和やかにします。向こうのペースとこっちのペースが合えば、和やかだ。こっちも同じくらいに、よそよそしくしてあげれば、そのうちに、向こうがそのことを話題にするかもしれないし、しないかもしれないし、うやむやになるかもしれない。

　結婚している人は、みんなそうだと思うな。夫婦の間で何かの秘密が露呈して、よそよそしい関係になったら、それを取り上げて、「あなたが今、よそよそしいのは、私の秘密を知ったからだと分かっているが」とか、「それについて若干の説明を加えたい」とか言ったりしないでしょう？

　「しまった」と思いながら、よそよそしくしていると、そのうち「時間が薬」で、また和んで、それはひとつの歴史として残る。そういうプラスやマイナスのいろいろな出来事が積み重なって、夫婦の関係は厚みのあるものになる。そして「あんなこともあった。こんなこともあった」となるのと同じで、あまり

あれこれ工夫せずに、相手に合わせておけばいいんです。

　こっちが理解して、相手に合わせていくと、それがちゃんと伝わります。それは何かと言ったら、そのよそよそしい態度の裏にある気持ちを、こちらがホールディングしているということなんです。

　子どもがふて腐れていたら、「あのことで怒ってるんだろうな」と思いながら、なだめようとはせずに、様子を見ながら、自然な感じにしておけば、そのうち和みます。慌てず、焦らずです。

(スクールカウンセリングの現場より)

　カウンセリングにおいて、クライエントがよそよそしい態度になる気分は、たいてい、面接のキャンセルという形で示される。有料の開業心理士の場合は、それっきりになることも多い。

　だがスクールカウンセリングでは、その学校の生徒・保護者とその学校の職員であるお互いの立場に変わりはないので、外的な関係は切れたような切れないような関係になる。教師を通じて、本人や保護者の様子が伝わってくることもある。スクールカウンセラーの様子も、さまざまな場面を通じて、相手に伝わっているだろう。

　キャンセルしたクライエントの気持ちを慮りつつ、しかし「中断」にうろたえずに、変わらぬ気持ちと態度で待っていると、また面接の予約が入ったりする。カウンセラーは生き残らなくてはならない。

環境調整

　そのときにカウンセラーは「彼が歯磨きをしない理由を、お母さんは理解できないから怒るのではないかと、私は今、思うけど、どうですか？」とお母さんに訊くといいの。お母さんには「理由もないのに歯磨きを拒否する」と見えているのではないか。

　で、お母さんが「そうです」と言ったら、「ほら、そういうことなのよ」と言って、「せっかくだから、ここで今、歯磨きをしない理由を説明したら？　あなたがもうちょっと説明すると、よさそうな気がするけどね」と言うの。

　それは何かって言うと、なんとすごいこと、環境調整ですよ。環境調整というのはそういうことだ。理解力の鈍かったお母さんが、理解力のあるお母さんに変われば、見かけは同じお母さんでも環境調整なの。

スクールカウンセリングの現場より

　スクールカウンセリング事業の開始当初、スクールカウンセラーは子どものこころのケアに従事するのだから、教師や保護者のケアに関与するべきではないという議論を聞くことがあった。こころは通い合うものだし、子どもは保護者や教師の心理的状態からの影響

を多く受けるので、どう切り分ければいいのだろうと戸惑ったことを覚えている。

　その後、スクールソーシャルワーカーが導入されて、スクールカウンセラーはこころの内側を担当し、スクールソーシャルワーカーはこころの外側、環境調整を担うという説明を聞くことがあった。このときも、こころは外界からの影響を受けるので、どう仕分けをしたらいいのかと戸惑った。

　戸惑いつつも、子どもたちと関わり続けるうちに、目の前の子どもの利益が最大になるように、心理学的知見と理解を活用しつつ、周囲の連携できる人々と連携して、できることをやっていくしかないと気持ちは定まっていった。

焦り

　このお母さんも、焦っているんだと思うんです。焦ると、多くの場合が、質より量になります。自分がたくさんの筋肉を使った分だけ、たくさんのことをしたような気分になる。自分の疲労度によって、相手の回復度を測るということになる。一所懸命になって、もう他に何もしようがないと、人はどうしてもそうなるの。

　昔、ある公開ケースカンファレンスで、スーパーヴァイザーが「あなたが一所懸命になって疲れた分だけ、その子のこころも癒されたんだよ」ってコメントしたから、「石を持ち上げて、こっちがいくらくたびれても、石は軽くはならんという喩えはどうですか」と言ってやったことがある。ボクはときどき、あんな意地悪をするから、いかんな。

> スクールカウンセリングの現場より

　わが子が不登校になると、あちらこちらの医療機関や相談機関に子どもを連れて行く保護者がいる。はた目には子どもを追い詰めているだけのように見える場合、なんとかして保護者の行動を止めたくなる。そんなとき、スクールカウンセラーも焦って、保護者に負けずに、質より量の対応になりがちである。ことばの量が増えるだ

けでなく、ことばにこめる熱量も増える。

　「親として焦りますよね」とカウンセラーとしての理解をことばで穏やかに伝える努力から始めると、保護者の側も、自己理解がよりスムーズに進むように感じる。

己の欲するところ

　過剰に生徒を依存させる教師に、スクールカウンセラーとしてどう対応するか。

　過剰に患者を依存させる治療者は、実は、本人が依存しているのです。

　昔、ボクは「逆転移」の問題をずっと考えていたの。そのころ、自分が患者に依存しているんじゃないかと考えたときに、ボクは格言をつくるのが好きだから、こんなのをつくった。

　「己の欲するところを人に施せ」と言うでしょう？　それで、「己の欲するところを人に施すなかれ」というのを自分用の格言にしたことがあります。

　「逆転移」の害は、「己の欲するところを人に施す」というようなことです。たいてい、そうです。

　「己の欲せざるところを人に施すなかれ」というのは、比較的、害が少ない。だから格言としていいと思うけれども、己の欲するところを人に施したら、良くないことが多いです。

　そういうことを、その教師と話題にできないかな？

（ スクールカウンセリングの現場より ）

スクールカウンセラーが介入したことによって、教師とスクールカウンセラーとの間で、クライエントである子どもの奪い合いのような状態が生じることがある。スクールカウンセラーの実感としては、「教師に嫉妬されている」雰囲気である。

スクールカウンセラーの側からは、その教師と生徒との関係が危なっかしく見えるが、その関係のありようがスクールカウンセラーの中に不快感を生じさせるときには、スクールカウンセラー自身がその生徒との関係に依存し始めているのではないかと思う。そういう危険があるので、カウンセラーは常に自己点検を習慣にしたい。

「そんなことはない」と即座に否定する気持ちが生じるときには、自身で見極めることができない程度にまで、深く関係に依存しているのだと思う。なかなか難しい。

関係についての感受性

　中井先生の『中井久夫の臨床作法』（統合失調症のひろば編集部編、日本評論社）にボクも頼まれて寄稿したの。

　その中にちょっと書いたけど、中井先生は、いちばん初めにお会いしたときに「自分は、患者さんを診察していて、『今晩、自殺するんじゃないか』と思ったら、当直医がいても、病棟に泊まり込んで、ずっと注意して見ていて、自殺を予防したことが２例ある」とおっしゃった。すごいと思って、ボクもそういう技術を身につけたいと思いました。

　それで、「それはどんな感じですか？」と訊いたら、「いくら手を伸ばしても、患者の魂が遠くへ遠くへ行って、手が届かないという感じがしたとき」と言われた。それでボクも「患者の魂に手を伸ばして」と思ってやってみたけれど、全然分からなかった。

　だけど、分かるようになったんです。ボクは、患者に見捨てられたような気がするの。患者に「役立たず」とか、「要らない」とか言われたような、とても寂しいと言うかな、見捨てられ体験みたいなのが面接中に起こってきたときが、患者が自殺の方向にこころが動いたときだと分かるようになりました。

　つまり中井先生は、患者に依存しないんだ。責任を持って、患者をケアしているわけです。だから、ケアができなくなった

ときに、手が届かないと感じるんです。

　ボクは、患者との関係に依存しているから、患者が「もういらない」という気分になったことで、こちらが捨てられた気分になる。そもそもの医療における姿勢次第で、感受性が変わってくることに気がついたんです。

　ですから、自分がクライエントとの間につくっている関係が、自分にとってどうであるのかと思うことによって、関係についての感受性がシャープになります。

　それは、どっちがいいということではなくて、生まれてから今までの長い歴史の中で培ってきて、この稼業を選んだときの初志以来のすべてが総合されて出てきているものだから、自分が持っているものをセルフ・モニタリングすることで、さらに進歩できるんじゃないかなと思います。

　自死の予兆として、神田橋先生から「なんだかすっきりした感じがしたときが危ない」と聞いたことがある。

　数年前、いじめ被害を長い間、切々と訴えていた子どもがある日、教師との連絡ノートに感謝のことばを述べ、教師も成長したと受けとめて安堵したらしい返信を書いたが、その晩、鉄道に飛び込んで、自死したという報道があった。教師は感謝のことばに「すっきりした感じ」を持ったのではないかと思う。

　自死を決意したときには、こころの中で「人とのつながり」の清算が行われるのかもしれない。それが、手が届かない感じであり、見捨てられた感じであり、すっきりした感じなのかと思う。

共ぶれ

　この子どもは、ネコの子が捨てられているのを見ると、もう可哀想で、つらくてならない子であり、シリアの難民の子どもたちを見ると、お小遣いを寄附したくてたまらない子どもです。共ぶれするんですから、素晴らしい子どもなんです。

　だから、この子のこの敏感さに対して、褒めてやるんじゃなくて、共ぶれする気持ちを、セラピストが自分の記憶の中から拾い出すことが大事なのだろうと思います。共ぶれには「連帯」の原型があるわけですから。

　これがない人が多いんだよね。共ぶれ体験がない子どもたちは、何かあると「関係ないしー」と言うんだよね。「知ーらない」というような気持ちですよね。

　「関係ない」「知らない」と言うことは、その子たちが、自分の中の共ぶれする気持ち、を振り払うための呪文を言っているわけです。そして、そういう共ぶれする、非常に動物的な感性を振り払って、人間になっていく。

　「人間らしい」と言うけれど、「人間らしい」振る舞いはたいてい悪いことで、「まるで獣のような」振る舞いのほうが断然いい。「人間にあるまじきこと」と言われる振る舞いは、獣なら絶対にしないようなことばっかりですよ。あれは全部、ことばが間違えていると思います。

　少なくとも、不幸な人に共ぶれしてつらくなることが、異常なことである、と子どもたちが思わないように、それが、自然なことなんだと教えてやる必要があります。最高の情操教育の瞬間なの。

（　スクールカウンセリングの現場より　）

　カウンセラーのトレーニングにおいては、「事態に巻き込まれないでいること」が重視される。クライエントの苦悩に共感するうちに、巻き込まれて、「ふたり精神病（folie à deux）」の状態に陥ってしまうことがある。神田橋先生も「ふたり精神病」に似た体験をしたと、『発想の航跡』（岩崎学術出版社）に書いている。

　山中康裕先生が「片足は岸に置いて、片足を流れにつけておく」と話されるのを聞いた記憶がある。両足を岸に置いていたのではクライエントへの共感は生じないし、両足を流れにつけてしまっては、足をすくわれる危険がある。

　学校で、人のつながりをともにするスクールカウンセラーは常に、内界だけでなく、外界からも巻き込まれる危険にさらされている。共ぶれしながら、共ぶれしている自身に気づいていることが大事だが、スクールカウンセラーには特に難しいことだと思う。

カウンセラーへの不満

　この人は最初、友だちとの喧嘩の相談でスクールカウンセラーのところにやって来た。「仲直りしたい。謝りたいけどできない。私の性格の問題。ほんとうは向こうが謝ってくれるといいんだけど」と言っていた。

　2回目に来談したときには「向こうが謝ってくれた」と言い、教師への不信感を話した。

　そして、会うとニコニコしているのに、スクールカウンセラーへの不満を訴え始めた。だんだん訴えが変わっていってるよね。

　この人は、いちばん最初に性格の問題をテーマとして、スクールカウンセラーに話した。だけど、人間が何か困難にぶつかって、まず自分の性格の問題を考えるというのはあんまりないよ。ということは、けっこう長いこといろいろ考えて、性格の問題まで到達した。

　そして、自分の性格の問題だと考えたけれども、そこまで来たところで行き詰まってしまって、何も解決できない。

　それで相談に来て、考えて、だんだん歴史を遡っていってるわけだ。そうして今、最終的に、目の前にいる人への不満を言語化するというテーマに到達したわけだ。

　その前は学校の先生とか、そういう他者に対しての不満だか

ら、これはまぁ言ってみれば三角形の話だ。

　それを今は話題にしないで、さらに遡って、目の前にいる人に不満を感じ取って、それを言うというところに来ているから、これは、このカウンセリングが非常になめらかに進んでいることを表している。

　つまり、あなたとの間に出来ている雰囲気の中で、こころがだんだんほぐれて、本音のほうに進んでいるということ。この子の思索の歴史の流れが、そのプロセスが、スクールカウンセラーとの関係の中で逆戻りしていっているわけだ。

> スクールカウンセリングの現場より

　自分への不満を言われるのはうれしくない。不満を言われたときに、「カウンセリングが非常になめらかに進んでいる」とはなかなか受けとめきれないのが、多くのカウンセラーの本音だろう。

　カウンセラーに向けての不満をクライエントが語り始めると、カウンセラーは、それを治療の対象とするべきクライエントの病理、として理解しがちである。そしてカウンセリングはカウンセラーにとっても、クライエントにとっても気が重い場となり、迷走していく。

　クライエントが自己理解の入り口に到達し、カウンセラーにともに検討することを求めているのだと受けとめるには、カウンセラーに持ちこたえるだけの強さが求められる。

　わたしには、医療の場で働いていたとき、激しい過食によって、胃が上方に膨らんで、食道を押し潰し、吐き戻すことも、胃に管を入れることもできなくなり、苦しみながら、消化を待つしかないという自傷をくり返す人と面接していた経験がある。わたしは、常に穏やかな彼の語り口の中に、激しい怒りと深い哀しみが混在しているのをずっと感じ続けていた。

　ある日、彼は「これまで誰にも話さずにきたことを話したい。あなたは聴くことができるほどに strong enough か？」と訊いてきた。わたしはカウンセラーとしての能力を問われていると感じたが、今、振り返ると、ふたりの関係の確かさを問うていたのだろう。

　うろたえているわたしに、彼はごみ箱にごみを捨てるように淡々と凄惨な過去を話し、それを最後にカウンセリングルームに来ることはなかった。

　わたしが彼の話を聴くことができるほどに strong enough であったら、カウンセリングはその後、どんな経過をたどっただろうかと思う。

　スクールカウンセリングの場でお会いする保護者に、この人と同

じくらいに凄惨な人生を生きてきた方もいるだろう。親の過酷な人生は必ず、子どもの心理に影響を及ぼすが、スクールカウンセリングは保護者の治療を目的とする場ではない。

　また親という立場を得ていることが、その人の支えになっている側面もあるかもしれない。子どものためにも、スクールカウンセラーは立ち入ることが許されるこころの領域をわきまえる節度を保ちたい。

　そして同時に、カウンセラーへの不満が語られるようになったら、それをカウンセリングがなめらかに進んでいる証として受けとめられるくらいに strong enough でありたいと思う。

　（事例は、個人が特定されることのないように、本質を損なわないと考えられる範囲で改変を加えています。）

第5章

問題とされる
行動

行動の示唆

　心療内科の先生が「学校に行きたくないなら行かなくてもいい」と言ったのね。それじゃ非常に粗雑なんだ。

　精神科医でも、スクールカウンセラーでも、「学校へ行きたくないなら行かなくてもいい」と言ったら、「行ったほうがいい」と「行かなくてもいい」のふたつの対立だけでしょう？

　学校に行くと病気が悪くなるのかもしれないし、病気とは関係なくて、ただ学校が好きじゃないということかもしれない。

　だから「学校に行かないときと、行ったときとで、どう気分的に違いますか？　どう症状的に違うかしら？　自分でよく見てごらん」と言って、そして「学校に行くとこういうふうにつらいとか、学校を休んでいるとこういう点はいいけれども、こういう点はつらいとか、自分で分かってくるよ」と言わなきゃ。

　行動を示唆するときは、その行動によって認識が増えるという示唆も一緒にやらないと、何もならない。

　「学校に行きたくないなら、行かなくていい」と言うのは、「死にたいです」と本人が言ったときに、「死にたければ、死んだほうがいいよ」と答えるのとまったく同じレベルです。

　ボクだったら、「死んだら、その後どうなるかが、死んだ当人には分かるのかもしれないけど、分かるようになったその人はもうこの世にいないから、教えてくれない。ここが、どうにも

困るんよだな」と言ったりする。

　それで「ちょっと死んでみる」というのを考えたの（『精神科養生のコツ』岩崎学術出版社）。「私は死んだ」とか言って、ちょっと死んでみる。それを教えて、「死んだつもりになると、どういうふうに世の中が変わって感じられるかな。分かる？」とか訊くの。

　何でも、行動にはそうだよ。「ぎゃーっ」と叫んでる人に、「今度、試しに、人があんまりいないところで『ぎゃーっ』と言ってみて、気分がどう変わるか、見てごらん」と言うの。自然発生的に「ぎゃーっ」と言っているときは、観察する余裕がないから、観察する余裕があるときに、「ぎゃーっ」と言ってみて、観察したらいい。

　こういうのを考えたのは、家庭内暴力で、家のガラスを割る人たちがいる。それで、「この次、ガラスを割るときに、割る前と、割った後で、気分がどういうふうに変わるか、よく見ておきなさい」と言ったら、割らなくなった。

　考えてみりゃ、「割ったときに気分がどう変わるかな？」と観察しながら割るのはおもしろくない。あれは興奮して割るからいいので、わざわざ、うわっと思って割ったりできないよ。だから、割らなくなるんだ。

スクールカウンセリングの現場より

　スクールカウンセラーは管理職や担任、あるいは保護者から、「本人に〇〇するように言ってください」と頼まれることがある。別室登校している生徒に、「教室に入るように言ってください」などである。

　これは行動を促す示唆であり、そういうときに、神田橋先生の助言がスクールカウンセラーの参考になる。

　そのような依頼に対して、受けとめつつ、「あなたからではなく、スクールカウンセラーからそう伝えるほうが良さそうですか？」と訊き返してみることは、依頼者の認識をより深めることになる。それはスクールカウンセラーにとっても、その教師や保護者にとっても、生徒にとっても、利益があることだと思う。

行動の相談

　行動についての相談をされた場合は、原則として、今までにそれに類した行いの経験があれば「そのとき、あなたはどうしたの？」って訊くの。

　一度やったことを多少モディファイして使えば、使いやすい。まったく新しいことをこっちが指示するよりは、本人の経験が膨らんでいくように、「今まで喧嘩なんかしたときには、あなた、どうしてたの？」と訊いて、その延長上に、少し進歩したやり方を学習していく。同じことをやってもしょうがないからね。

スクールカウンセリングの現場より

　学校では「問題行動」ということばがよく使われる。スクールカウンセリングの場でも、行動についての相談を受けることが多い。持ち込まれる相談内容は、非行や性的逸脱行動、リストカットなどの自傷行為、対教師暴力などさまざまである。

　対応していると、これは「内面の苦しみを分かってほしい」というメッセージではないかと思えるケースが少なくない。リストカットなどはその典型だと思う。

　リストカットに教師が気づいて、カウンセリングルームへ連れて

こられた子どもたちに、表情を確認しながら、「よかったら、傷を見せてもらってもいい？」と訊くと、案外、素直に見せてくれる。自分から見せようとする子どももいる。「見てほしい」「分かってほしい」という気持ちが伝わってくる。

　おそらく彼らなりに、伝える努力を重ねてきた。それに対して、周囲のおとなが鈍感であったり、彼らの伝える技術が未熟であったり、自分でも受けとめきれない思いであったり、ごちゃごちゃといろいろな思いが絡み合って、窮余の一策としての自傷行為だったのだろう。

　リストカットに周囲は驚き、反応する。だが衝撃的であるので、彼らが伝えたい「思い」は受けとめられない。リストカットの「行為」ばかりが注目されて、思いは伝わったようで伝わらない不満足が、自傷行為への依存状態を生じさせる。

　わたしはリストカットをする代わりに、赤いペンで線を引く行為をしている女子中学生と出会ったことがある。以前にリストカットしていた姉から教わったということだった。だが社会人になっていた姉は忙しく、話を聞く時間はなかった。

　その後、頸動脈に達しかねないネックカットをして、精神科病棟に入院することとなった。主治医になった若い医師は、赤い線を見つけたときには、親身になって話を聴くようにし、実際に切ってし

まったときには話を聴かずに、丁寧に傷の手当てをするにとどめたところ、次第に切る行為は消失していった。話を聴くことをトークン（ご褒美）とした一種の行動療法だったと言えるだろう。行動についての相談には行動療法が効く。

　（事例は、個人が特定されることのないように、本質を損なわないと考えられる範囲で改変を加えています。）

50

ベクトル

　精神科の症状は病的なものの反映であるけれども、対処行動のベクトルと、病的なもののベクトルとが合成されたものである可能性があるの。だから、症状の中の対処行動としての部分をピックアップして、それをより適応的なものにしていくといいんだよね。

$\boxed{\text{スクールカウンセリングの現場より}}$

「症状」は、学校では「問題行動」として示される。問題行動と見なすと、どうにかしてそれを取り上げようとするおとなと子どもとの間で綱引きが始まる。なんとか問題行動を取り上げることに成功しても、まるで取り上げられた穴を埋めるように、次の「問題行動」が始まる。

患者が提示してくるものの中に、可能性の芽を見出そうとするのが、神田橋先生の治療スタイルである。取り上げるのではなく、同じものをリフォームして、本人の人生に適合するように活用する。そうしていくうちに、患者自身が治療の道を模索し始める。

相談を受けたときに、このベクトル図を思い浮かべることを習慣にしておくと、間違いが少なくなる。ベクトル図を解析していくには、生育歴、家庭環境などを本人や保護者に丁寧に訊いていく必要がある。

子どもたちは若い分だけ可能性に満ちている。症状は彼らなりの努力の表れである。それが拙いものであっても、その根底にあるエネルギーを活用する道を、教師とともに探すスクールカウンセラーになりたいと思う。

51

対処行動

　この子は、「マジックの香りを嗅ぐのが好き」と話してるでしょう？　これは、対処行動だよな。

　対処行動は、まず丁寧に聴いてあげることが、原則なんです。対処行動でも、本人が話さなければ丁寧に聴くことはできないけれども、この子は「聴いてほしい」と思って話しているわけだから、丁寧に質問していいんです。

　まず、マジックの匂いを嗅ぐことに、どんな効果があるのか。その効果を発見した経緯があると思うんだな。

　そして、「シンナー遊びをやっている子どもたちも、あなたと同じように、つらいところから逃れようとしているのかもね」とか、「アルコールに逃げて、アル中になっているおじさんたちも、同じようなことかもしれないね」とか、そういうふうにまとめると、自分が変なことをしているという感じは減るだろうと思うの。

　それは、いいことをして、それをどんどん発展させていく、という正しいことではなさそうだけれど、自分ひとりがおかしなことをしている感じは減るから、いいんじゃないかな。

スクールカウンセリングの現場より

　リストカットや性的逸脱行動など、スクールカウンセラーが話を聞いて、止めさせたくなる行為については、本人も止めたいが止められなくて困っていることが多い。そのような状況にある子どもに対して、「止めなさい」と伝えても意味がない。

　意味がないのは子ども自身がよく分かっているので、しらけた返事が返ってきて、スクールカウンセラーもため息をつくばかりになる。

　止めたいが止められないとき、周囲も本人も、その行為のデメリットにばかり目が行く。そのようなとき、神田橋先生のように、そのメリットを言語化し、意識化することができれば、クライエントの視野を広げる。視野が広がれば、そのメリットを、他のもっと良い方法で得ることはできないかと、自主的な模索が始まるだろう。

　そのとき、スクールカウンセラーは子どものこころが進む方向を見守りながら、模索の道をともに歩く同行二人でありたいと思う。

52

落ち着きがない

　落ち着きのない子は、落ち着きのないことが、落ち着く方法なのよね。貧乏揺すりとか、目をパチパチさせるとか、ああいうのは全部、落ち着きのない行動がこころを落ち着かせる方法なんです。

　だから、もっと積極的に落ち着かない行動をさせるようにするといいんだよね。ちっちゃい子だったら、畳半畳くらいの大きさのトランポリンがありますから、それを買ってさせるといいです。この子は人の頭を叩いたりするから、太鼓を叩かせるといいかもしれない。

スクールカウンセリングの現場より

神田橋先生は暴れていた患者が落ち着くと、「楽になったね」と声をかけていた。「落ち着いたね」ということばを使うことは決してなかった。

このことばの技術は、学校でも使える。

発達障害を持つ子どもはパニックになって、突然、暴れることがある。フラッシュバックである。そのときには別のことを考えながら、そばにいるのが良い。そして落ち着いたら、「楽になったね」と声をかける。「落ち着いたね」と声をかけると、子どもの顔が一瞬、悲しげになる。

パニック状態では本人も苦しい。「楽になった」には、本人が苦痛から解放されたことをともに喜ぶ気持ちがある。「落ち着いた」には、落ち着かなかったときの本人の行動が、周囲にとって迷惑だったという認識が言外に含まれる。

「落ち着いた」と言われると、「また迷惑をかけてしまった」という後悔が、本人の中に微かに生じるのだろう。後悔は誰にとっても、こころのエネルギーを消耗させる。

家庭内暴力

　家庭内暴力のほとんどは、何かやりきれなさとか、悲しさとかから来ているんだ。

　家庭内暴力が止んだということは、だけど、悲しみや、やりきれなさがなくなったわけでは全然ないんです。それを自分ひとりで持てるようになっただけ。自分ひとりの悩みとして持って、発散しないでいられるようになっただけです。

　ということは、自分の力が弱まれば、またすぐに出てくるわけ。

　だからお父さんが「この子はひとりで頑張って、悩みを抱えているなぁ」と思っていてやれば、それだけで、お父さんが理解していることが態度の中に現れて、それが、子どもにちゃんと伝わる。子どもが一所懸命、自分で保っているその力を削ぐようなしゃべり方や、指示やなんかを、お父さんがしなくなるからね。

　だから行動を示唆するのではなくて、「子どもさんはこころが強くなって、悩みを自分ひとりで持っていられるようになられたんでしょうね。そういう場合、たいてい、悩みは減っていないんですけどね」と言ってあげればいいの。それは解釈だよね。

　そうするとお父さんは「なるほど、そういうことか」「こころの中が変わったということは、そういうことなんだ」と、何かひとつ乗り越えたという感じがすると思います。

┌─────────────────────────────┐
│ **スクールカウンセリングの現場より** │
└─────────────────────────────┘

　子どもの家庭内暴力のケースの中には、親も負けずに、ことばの暴力で応酬している場合が少なくない。親も、産み育ててきたわが子に暴力を振るわれて、腹に据えかねる気持ちは分かるが、親の感情的な応酬がさらに事態を悪化させる。

　親の言動にブレーキをかけたくなるが、うまくいかないことが多い。説得して、一時的に親の応酬を抑えることができても、納得がいかないままのブレーキなので、肝心のところで暴走してしまう。

　だが通常の不仲と違って、もとは親子なので、わが子の成長を伝えられて嫌な気はしない。説得ではなく、「成長」の解釈という客観的説明が納得を生み、事態を巡る感情を冷ますのだろうと、神田橋先生のことばから想像する。

54

意見

　子どもが暴れるのは「意見」があるのよ。何かまだ、ことばにならない意見がね。ことばにならない意見を、ことばにさせてあげるといいんです。

スクールカウンセリングの現場より

　学校は、ことばで伝え、ことばで理解する文化を習得する場でもある。ことばにならないものを、ことばにしていくように導くのは教育の本質でもある。

　教師の体罰は、子どものこころに届くことばを教師が見出せないときに行われる。ことばにできなかったのだから、体罰は教育者としての敗北宣言であり、教育者としての失格を自己に突き付ける宣告でもある。だからだろう。わたしの知る限りにおいて、体罰をした後の教師はみな苦しく悲しげな表情をしている。

おとなへの反抗的態度

　おとなへの反抗的態度と他の児童への暴力というのは、むやみやたらと暴れているわけではなくて、対象をちゃんと認識してやっているという意味で関わりだよな。

　ADHDの暴れは、自分の脳の中の興奮への対処だから、発達段階としてはよりレベルが低いの。おとなへの反抗的態度というのは、対象を把握して、それとの関わりをしているわけだから、発達段階としてはより高等だ。

　そうすると、いちばんに考えられるのは、自分の外界への働きかけが効果を得ることが快感になるというか、本人にとって望ましいということ。

　だとすれば、この子には、自分の行いが外界に影響を与える力をあまり持たないことへのつらさがあって、そこからおとなへの反抗的態度が来ているのじゃないかということです。

　この子は、対象に働きかけて、自分の働きかけが対象の中での変化として実って、リアクションがあることを求めているんじゃないか。この子のお母さんのパーソナリティから考えて、愛着障害がこの子のベースにある可能性がある。

　愛着行動は、親にホールドされることだけじゃないの。

　「いないいないばぁ」のように、関係の中で、自分の行動によって相手のリアクションが引き起こされ、しかも、そこに予測

性があって、予測が的中するという喜びがあって、愛着が育っていく。

それが、「いないいない」と言って、「ばぁ」をなかなかしてやらないと、子どもはすごく不機嫌になります。「ばぁ」が来るはずだと思って、待っているのに来ないから。そういう「予測の的中性」は、対象関係の中でとても大事なことなんです。

「ここだろう」と子どもが思っているのに、相手が違うことをしてくると、予測がつかない。「ボーダーライン」（境界性パーソナリティ障害）の病理がそうです。

だから、対象関係が確かであるということは、その対象に対する次の瞬間の予測が的中する安心感、的中する確かさが、対象関係の確かさです。それをつくってやるのが大切なんじゃないかと思います。

> スクールカウンセリングの現場より

おとなへの反抗的態度や他児への暴力があると、「困った子」としてAD/HD（注意欠如・多動性障害）が疑われることがある。WISC（ウェクスラー式知能検査Wechsler Intelligence Scale for Children）を実施すると、多くの子どもにおいて下位項目にデコボコが見られるのだが、デコボコが障害の確定診断の根拠にされる場合もある。

だがそうして診断を受けた子どもたちの態度や暴力のありさまをよく観察してみると、明らかに対象を認識していると思われる場合がある。発達障害の子どもたちが苦手なはずの「空気を読む」が、

ある程度できているとしか思えない子どもたちがいる。

そういう子どもが発達障害と診断されて、特別支援学級に加わると、他の子どもたちよりも人心掌握に長けているので、たちまち学級のリーダーになる。そこに担任がうまく対処できないと、学級崩壊を引き起こしてしまう。

わたしも何度か、学級崩壊状態の特別支援学級を訪問して、新たな闖入者の反応をうかがう様子を見せる子どもたちに出会った。彼らは対象を認識して、関わりの質を模索していた。発達障害の子どもたちの無邪気な様子とは明らかに異なる雰囲気があった。

彼らの困難のベースは愛着障害であり、愛着障害による長期にわたるトラウマが蓄積した複雑性PTSDであることが多い。複雑性PTSDの反応と、AD/HDの症状とは似通っていることが指摘されている。

もちろん発達障害がベースにあって、複雑性PTSDを併発しているケースも多い。発達障害の過剰診断を防ぎ、彼らが真に必要な支援を受けられるように、医療機関と学校との相互信頼と緊密な連携とが求められている。

なお複雑性PTSDは、自身も複雑性PTSDに苦しんできた親からの連鎖であることも多い。親も含めて、彼らが置かれている状況を正しく見極めて、さまざまな人々との連携によって、適切な支援を届けることが求められている。

行動異常の消滅

　行動で示される症状は、概ねコーピング（対処行動coping）なんです。この人は抜毛があって、過食があって、その他の行動異常があったけれども、そのコーピング行動が、今はなぜか消滅しているんだよね。

　他のコーピングが得られたということでもない。コーピング行動が強くなったり、消えたりすることについて、どういう条件によって症状が動いているのかが分からない。

　こういう症状を見たら、まず考えなければいけないのは、気分障害ではないのかということ。昔は躁うつ病と言っていましたが、双極性障害ではないのかと考えるのがコツなんです。

　双極性障害の症状は中学生のころから出現することが多いとされる。的確な診断に基づく適切な薬物療法とともに、生活のあり方の工夫で、重症化をかなり防ぐことができる。

　窮屈な生活が向かないので、気ままを生活の一部分に取り入れることや、相手の幸せが自分の歓びになるので、人の世話をして役に立つ体験を増やすようにするなどである。

　具体的には、神田橋先生との共著『スクールカウンセリング モデル100例』（創元社）の「躁うつ体質」の章を参照していただきたい。神田橋先生はまた『「心身養生のコツ」補講50』（岩崎学術出版社）の「第31講　双極性感情障害を見つける」に最新の知見を述べている。

　また内省を深めると状態を悪くする。カウンセリングの定石を離れて、外界との現実的対処のあり方、他人との付き合い方の工夫に限定したカウンセリングを行うことが肝要である。

行動の記述

　この自閉症の男の子は、多少は笑顔があって、ことばも少し使える。だけど叩いたり、蹴ったりするから、最も自然な表出は筋肉活動だということです。そうすると、筋肉活動の面では優れているんだから、これを育てていくことが大事なんだと思うの。

　そして「そうならないように状況設定に気をつける」というのは、これは、無菌状態の保育器の中に入れることです。

　しかし最近のトピックでは、早く新型インフルエンザにかからせて、免疫をつくっておくと、新型インフルエンザが強毒化した次の段階でも多少、役に立つんじゃないかという意見が出始めているよね。

　でも、免疫をつくる力が全然なくて、免疫をつくるためにかかった新型インフルエンザで死んでしまったり、脳症になったりしたんじゃ、しょうがない。

　そして、この子は相当の期間、いろんな状況設定で同じように暴れたりなんかしているから、ことさらに無菌的な状況をつくってやる必要はないだろうと思うの。

　じゃ、どうするか。

　この子について、「ときどき力いっぱい叩いてきたり、パニックのようになって泣き叫び、大暴れしたりします」という記述

がありますね。この記述を優れた俳優に読ませて、演技でやらせるとします。それで俳優が上手に演じて、その子どもと同じように振る舞うことができれば、この状態記載は素晴らしい脚本だということです。だけどおそらく、この記述ではできません。

「ときどき力いっぱい叩いてくる」というひとつの動作が発現する前の表情や姿勢、それが発現するときのスピード、力強さ、そして相手に当たった瞬間の本人の表情に変化があるかどうか。そして「叩く」という動作が終了した後に、本人の姿勢や、からだの中の力の入り具合がどうであるか。そういうことまで詳細に記述されれば、優れた俳優はそれを真似して、同じような動作ができます。

つまり、ある表出を育てたり再現したりしていこうとするときには、それをこちらが、いかに細かく認知して、記述できるかが大事です。

暴れる前と、叩くときの手を持ち上げるときと、その手が相手に当たったときとで、脳の中では全部違うのよ。それをひとつにしてしまうのは、「粗雑な観察」になっています。

何かを伸ばしていこうというときは、精緻に記述をしていかないといけない。そのためには、ビデオ撮影をしてもいい。

それをやったのがロジャーズの研究です。初期のころはまだ蠟管の録音機しかなかったので、ロジャーズは蠟管の録音機で自分の面接を録っています。それを再生しながら、一つひとつ、このことばと、このことばの間が何秒空いたとか、このとき、

声が高かったとか、そういうようにして、クライエント・セン
タードの面接技術というものを研究・開発したんです。

　だからまず、この子の「叩く」「暴れる」という動作を録画し
て、それをスロー再生とか、細切れ再生とかしながら、みんな
で「あ、このとき変わったね」とか言いながら、見てみる。

　そして本人の脳の中が安らかになる瞬間がありますから、そ
の安らかになる瞬間の直前に注目する。何かにぶつかることが
いいのであれば、サンドバッグを叩かせるとか。威嚇動作がい
いのであれば、何かそのようなことをさせるとかする。

　その一連の動作は本人の表出だから、その子にとって、エネ
ルギーの発散であると同時にコーピングでもあるんです。

　そして、それが成功していなければ、くり返されるはずはな
いんだよね。オペラント条件付けというのは、どんな場合でも
あるわけだから、それをやったことが、本人に対して、何らか
の正のフィードバックがあるから、くり返されるわけです。

　それを専門家が細かく見て、この部分を選択的にくり返させ
てやると、そこから何かが生じてきます。

　だから、ここを伸ばしていこう、育てようと思うところにつ
いて、研究する必要があると思います。

　それは例えば、ことばを使う心理療法では、心理療法家が、
「つらい」「苦しい」「たまらない」「寂しい」「もうダメだ」とい
うようなことばをたくさん持っていて、そのときにその子ども
が体験している感情に最もフィットすることばを選んで、「こん
な感じなの？」とか、「これがぴったりする？」とか問うことに

よって、近似的なことばを探るのとまったく同じことです。

　ことばがあまり得意でない子どもの場合は、運動機能におい
て、同じことをするようにお薦めします。

＞＜ スクールカウンセリングの現場より ＞＜

　子どもがパニック状態になって暴れ出すと、教師は暴れている本
人はもとより、周囲の子どもたちの安全確保に追われる。暴れる子
どもの行動と変化を詳細に観察する余裕はない。

　スクールカウンセラーが暴れるその場に出くわす機会は多くない
だろうが、日常の些細な動作からも、子どもの脳が安らかになる瞬
間を推察することができる。

　もしパニック状態に出くわしたときはもちろんだが、日常の様子
においても、詳細に子どもの変化を見て、記述し、記憶しておくこ
とをこころ掛けたい。

　そのフィードバックを伝えるだけでも、苦闘する教師の支えにな
る。

自己治療

　何か困った行為があったときに、その行為が、例えば落書き
をするとか、人を殴るとか、そういう自分の意思によって行う
ことのできる行為だった場合には、これは何らかの自己治療行
為ではないかと、まず思ってみるの。

　原因はともかく、何らかの治療行為として行われていると思
って見れば、そこから逆に原因が推測できる。人間は他の生物
と同様に自己治療する存在なんだよね

スクールカウンセリングの現場より

　問題とされる行為が自己治療の試みであると教師が受けとめたと
き、生徒指導の質はかなり異なったものとなるだろう。抱えきれな
い苦痛や悲哀をなんとか治めようとする自己治療としての行為だと
理解すれば、かけることばも変わってくる。力ずくで抑え込んでも、
逆効果なだけだと分かる。自己治療としての行為を我慢させるだけ
では、身体面に変調が生じることも懸念される。

　自己治療という理解を教師と共有できるように、スクールカウン
セラーは教師に伝わることばの精錬に努めたい。

第 **6** 章
———
病理となる
心理

観察自我

　何かよく分からない子どもを見たときは、「奇妙な外界に対する正常な反応」なのではないかと考えてみるといい。

　よほど変わった子どもでない限り、子どもは年齢相応に愛着という形で、対象に密着する発達段階がある。密着しているから、対象からの影響をもろに受けて、向こうが動けば、こっちも動く。

　子どもを見ていて、なぜこの子はこんなに揺れるのか、よく分からないということがあれば、この子のケアテイカーや、保護者や、環境の揺れを忠実に反映しているだけではないか、という視点を持ってみるといいです。

　その視点を持つということは、関係の中から子どもの自我を一部分救い出して、観察自我にすることなの。

　子どもは対象に依存しているから、揺れることは避けられないかもしれない。だけど、その状態を客観視して、「あーあ」とか言いながら、観察する自我を育てることは可能かもしれない。

　そして観察自我が育つと、「あの人は、小さいときから苦労をしたものだから、まだ幼いけれども、よく物が見えている」と言われるような人になる。それは、考えようによっては悲しい。「あの人には無邪気な時期がなかったんだね」と言われるような人に育てるの。可哀そうだけどね

> スクールカウンセリングの現場より

　自験例からの推論に過ぎないが、保護者の揺れを反映しているのでは、と感じられるケースでは、リストカットや抜毛症などの自傷行為が出現することが多いように思う。また失立失歩や失声などの転換性障害も多い。いずれもからだに関係する症状としての表出が特徴である。

　もうひとつの特徴として、保護者に会ってみると、子どもの症状の原因を、いじめを含む学校での人間関係や、特定の外的な要因によると見立てをしており、そのことをスクールカウンセラーに対して控えめに、しかし断定的に主張する。

　そしてスクールカウンセラーには、その見立てに同意するように誘導されている感触が生じる。わが子の状態に動揺して、自身の責任の外に原因を求めたくなる保護者の気持ちを分かろうとしつつも、ことばのやり取りの中で、不快感が残ってしまう場合もある。

　そして子どもの様子の観察などから、スクールカウンセラーが保護者の見立てを否定するような見解を得た場合、それを伝えて、話し合おうとすると、何らかの理由をつけて、来談を拒否するようになる。ケースによっては、教師にスクールカウンセラーへの不信感を匂わせる言動を示したりもする。

　スクールカウンセラーにとっては正直なところ、面倒くさいケースとなりがちだが、保護者自身も生育の過程で傷ついてきているの

で、ケアが必要な状態にある。だが保護者が自身の傷つきへの直面を避けていることも多い。もしかしたら、保護者が自身へのケアの必要を否認しているので、子どもが代理として、症状を出さざるを得なくなっているのかと思えるケースもある。

　対応を間違えれば、保護者が社会で機能していく必要から、かろうじて保っている「保護者」という仮面を奪って、カウンセリングが破壊的に作用する場合もあり得る。苦難の人生を生きてきて、深い傷つきを抱えているであろう保護者に、スクールカウンセリングの枠内での対応は困難である。

　そのようなとき、神田橋先生の助言のように、スクールカウンセラーは子どもの観察自我を育てることによって、子どものこころが自立していくように促すのが現実的で、害の少ない対応だと思う。

　なお保護者の傷つきの歴史に思いをやりつつ、こどもへの対応を話し合っていると、子どもの回復に誘われるようにして、保護者の表情や話の内容が確かになってくる場合がある。保護者として機能することが、保護者自身の回復を促しているのだろう。人のこころは通い合うものだと思う。

フラッシュバック

　フラッシュバックは、例えばトラウマが友だちとの三角関係だとすると、誰かが親しくしている光景を見ると、三角関係の体験が思い出されて嫌な気分になります。

　そして嫌な気分になることをくり返すうちに、だんだん連想がきれいにつながるようになる。すると、学校に行こうとすると、「あのふたりを見るかもしれない」という連想が起こって、見たと同じ効果が起こってくる。

　そうするともう、「学校」を思っただけで、必ず過呼吸が起こるというふうになって、だんだんシャープになっていくんだね。

　それは簡単に言うと、感覚の熟練だ。優れた技術者は、手で触っただけで、ミクロン単位の差が分かるんだね。それと同じです。

　くり返しているうちに、感覚が熟練してくる。可哀想だよね。些細なことで、ぱっとフラッシュバックが起こる、シャープな人になってしまう。

　剣豪なんかはそうなんですよ。風がそよいだら、「これはいつもの風じゃない、何者かがそこに潜んでいるからだ」と感じて、過去の、誰かが潜んでいたときの系列がばーっとフラッシュバックする。それで、ぱっと刀を抜く。

　フラッシュバックは熟練するんだ。

スクールカウンセリングの現場より

　突然、教室に入れなくなる子どもがいる。入口で立ち止まって、動けない。「何が嫌なの？」と聞いても、答えない。あるいは「そんなことでなぜ？」と思うような、了解し難い理由を言う。

　答えないのだから、大したことではないだろうと、力ずくで教室に入れようとすると、暴れたり、泣き喚いたり、ひどい場合には尿失禁などを起こす。

　答えないのは、複雑にいろいろな要因が絡み合って、一言で言えないからだと理解するのが安全だと思う。耐えきれないほどの嫌な思い出がよみがえってこようとするのを、必死で蓋をしているのだから、からだもフリーズしてしまう。

　フラッシュバックの原因となった状況において、本人のこころは孤立無援の状態に置かれた。「誰も助けてくれない」「誰も頼りにならない」という恐怖や、「こんな自分はダメだ」という絶望感が後々のフラッシュバックとなる。

　そこでフラッシュバックが起きる状況について、周囲の誰かが理解し、見守り、安心できる関係をつくると、その関係に支えられて、中核となる原因をことばにできることがある。ことばにできなくても、だんだんとフラッシュバックの迫力が減っていく。そして進級や進学をきっかけに教室復帰を果たす子どもは存外、多い。

　周囲にできることは、子どもが安心して、こころの中で動いてい

るものを受け入れ、見つめることができる環境を整えることだと思う。

　おとなは子どもよりも難治であることが多い。そのようなときには漢方薬（四物湯合桂枝加芍薬湯）を使った治療法*（通称「神田橋処方」）などがある。

　*……『臨床精神医学』Vol.36 No.4, 2007（アークメディア）に掲載されている神田橋先生の講演「PTSDの治療」の中で触れられています。ご参照ください。

いじめ

　突出している子どもたちにいちばん共通しているのは、孤独だよね。その孤独を癒すには、いじめが役に立つんです。いじめは積極的関わりだからね。

　孤独な子どもたちは、いじめという方法を身につければ、孤独感から非常に解放されるんだよ。だから、いじめは止まらなくなる。

　何でも起こっていることにはプラスの面があるのよ。何がどう役立っているのかを考えないと、ダメと言うだけではいじめは終わらない。

　頭脳明晰な神田橋少年は、「突出による孤独」の諸条件を兼ね備えていた。「ボクは子どものころ、よくいじめをしていた。申し訳ないことだった」と語るのを聞いたことがある。

　神田橋少年のいじめは一対一のものであった。彼の言う関わりは、加害者と被害者の間にあるもので、もしかしたら、相手は彼の言動を不思議には思っても、いじめと認識していなかったかもしれない。

　今、学校で出会ういじめには、学力や腕力や人心掌握術などで優位に立つ者が黒幕となり、それに取り入る子分格が結託して、しつこく継続しているものが多い。ここでの関わりは、加害者と被害者との間よりも、加害者相互の間でより強い。

　加害者のカウンセリングをしていると、彼らの抱えてきた孤独の深さにたじろぐことがある。

　被害者の救出が最急務であることは言うまでもない。どのような理由があっても、いじめは絶対に許されない。その上で、手っ取り早い「結託」という方法でしか癒され得ない、彼らの孤独に思いをやることなく、いじめ問題の解消はあり得ない。

スクリーンメモリー1

　精神分析の用語の中で、精神分析をやらない人でも覚えておくといいのに「スクリーンメモリー」というのがあるんだよね。「スクリーンメモリー」っていうのは、あることを隠蔽するために、別のことを告白することなのね。スクリーンがカバーするわけです。

　スクリーンとして機能することを目的に告白されている事柄は、やっぱり人の目を引き付けて「あ、そりゃ大変だね」と思われるような内容でなきゃいかんでしょ。

　そしてほとんどの場合、隠されているものと構造が似たものです。

　例えば「あの人が去っていったのは私のせい。私が何もできなかったからだ」というストーリーに、まったく別のものが隠れている場合、感覚のいい治療者は「私のせいと言うけれど、なんか真実味がないなあ」と感じるの。

> (スクールカウンセリングの現場より)

　リストカットが仲間内で流行ることがある。ひとりが始めると、真似たように伝播して、「リスカ仲間」が増えていく。おとなの目には、深刻さを競い合っているように見える場合さえある。

　彼らの話をじっと聴いていると、最初のひとりと、続けて始めた生徒では、同じことばで生きるつらさを話していても、微妙に心性が異なるように感じることがある。その異なり方はさまざまだが、同じ「リスカ仲間」と捉えてしまうことができない異質さを感じる。

　リストカットという人目を引き付ける行為があって、その理由として語られる思いのさらに奥に、彼らの真情が隠されている。

　最近はLGBTQの相談も増えた。LGBTQの訴えも、校内でさまざまな対応が求められるので、人目を引き付ける。彼らの話をじっくり聴いていると、性別違和を訴える根底に、仲間と同化しようとしてしきれない、深い孤独が存在すると感じることがある。学校では、服装やトイレの対応などが急務の場合も多いが、カミングアウトや現実対応を急ぐ前に、彼らが語り掛けてくることばの根底にあるものに、しっかりと耳を傾けたいと思う。

スクリーンメモリー2

　非常に重大なびっくりするようなことが語られた場合に、その内容が示すような衝撃をこっちが感じるか、釣り合った衝撃を感じるかどうか。それに気をつけることがとても大事なんです。ここが素人とプロの違いなんだよ。

　それは何かって言ったらね、「スクリーンメモリー」ということなんです。スクリーンというのは、隠蔽するカバーのことです。これを今、みんなあまり問題にしないんですよね。精神分析の考えが別のほうに行ってしまったから。

　「スクリーンメモリー」というのは、何かを隠蔽するために、より重大な話題に意識を転換してしまうことなんです。その場合、最近のことがスクリーンメモリーに使われることは非常にまれで、より幼い日の思い出が使われることが多い。それがひとつね。

　それから、スクリーンメモリーの内容をじーっと眺めてみると、そのスクリーンしている下のもの、が見えてくる場合があります。だんだん慣れてくるとそれが見えてきます。

　スクリーンメモリーで、治療者がいちばん見落とさないようにしたいのは、そこに出てくる本人の憤りとか、つらさとかが、今、治療者ー患者関係の中に起こっていることを本人が見ないために、あるいは治療者と自分の関係の中に生じている雰囲気

に直面しないために、そのメモリーが使われている場合です。

　これは全部、無意識のプロセスですから、本人に言っても分からないです。

　だけど本人の中には、幼いころとか学生時代とかに、誰も自分がどんな気持ちになるかということを配慮してくれずに、勝手にいろんなことをして、それでいつも傷ついたり、思いやりをかけてもらえていないと感じたり、そういう思いをずっと抱きながら、生きてきたという思いはあるの。そのことと、今、話している here and now が重なっていると分かると、本当の心理療法になるんだ。

　本人が、自分の抱えている思いを伝えたいという気持ちと、まだ伝えたくない、そこにまだ踏み込みたくないという思いがあって、そして今、語られているいろいろな思い出はスクリーンメモリーなのではないかと思ってみると、こっちが受ける衝撃の程度がふさわしくない理由が分かる。主要なテーマは here and now の体験だからです。

> スクールカウンセリングの現場より

　本人よりも親が激高して、教師と保護者との関係がこじれてしまった、いじめのケースに出会うことがある。子ども本人は、不登校になっている場合もあれば（不登校が相当の期間に及べば、いじめ防止対策推進法第二十八条二項の重大事態に相当することになる）、登校して、友人関係は維持できている場合もある。

　わたしもスクールカウンセラーとして、あるいは自治体のいじめ問題対応委員として、いくつかのケースに出会った。

　多くの場合、教師は疲弊しきっており、穏やかに対応するように努めているものの、表情や口調の端々に「うんざり」が見て取れた。そのうんざりが、さらに保護者の怒りを煽（あお）っているように、第三者のわたしには見えることもあった。

　いじめ問題への対応は難しい。解消はさらに難しい。事態発覚の当初は、解消の方策はまったく見当もつかないのがほとんどである。だが丁寧に対応していくうちに、どうにか見通しがついてくる。ときには被害を受けている本人が、自分で解消の道を見つけていくこともある。

　いじめ問題には、関わる人々のさまざまな思いが投影される。スクールカウンセラーにとって、スクリーンメモリーの視点は、状況の理解に役立つことが少なくない。

　ただし神田橋先生が言うように、無意識のプロセスなので、本人に言っても理解されにくいし、また表現のあり方次第ではこころを傷つけて、さらにこじれさせてしまう結果にもなる。

　大事なのは神田橋先生が指摘している、スクリーンメモリーが治療者－患者関係の中に生じている雰囲気に直面しないですむように使われているのではないか、という視点である。

　教師は、保護者に接する際には自制的であるように努める。どんなに不快に感じても、教師が保護者を怒鳴りつけるようなことはまず、ない。教師がとりあえずは保護者をなだめ、受け入れようとする努力が教師と保護者との関係を、治療者と患者との関係に疑似したものにする。学校という場面が、保護者に、子どものころのさまざまな感情を思い出させる作用もするだろう。場合によっては、保護者の現実社会での生きづらさが、学校に持ち込まれることもある。

　その結果、教師の「うんざり」への直面を避けたい気持ちが、被害者側の保護者のエンドレスに見える訴えを引き出してしまう。そのようなときにスクールカウンセラーにできることは、教師の「うんざり」の圧力を減らす手伝いだろう。わたしの経験では、スクールカウンセラーとの話し合いを通じて、教師が見落としていた視点に気づき、次第に教師の気持ちに納得が生じて、「うんざり」の圧力が減り、保護者との関係改善につながったケースがあった。対応の手がかりが得られない場合には、教師の愚痴を丁寧に聴くことだけでも、圧力はかなり減る。

　いじめ問題にはさまざまな要因が作用する。そのすべてを解消できなくても、ひとつの要因が軽快するだけでも事態が改善することは多い。

　なお、スクリーンメモリーによる混迷は、関わる誰にでも、スクールカウンセラーにも生じ得ることを常にこころに留めておきたい。

共依存

　ある好きな人がいて、その人がいなくなったから、学校にいけなくなるということはないのよ。そうでしょう？　だからこれは「好き」ではないのよ。「頼り」なんだよ。だからその人がいなくなったから、学校にいけない。

　「好き」と「頼り」は、当事者には分からないことがあるから、カウンセラーが分けて考えておかないといけない。

　そうでないと、共依存が分からない。共依存というのは、たいていの場合はお互いを好きじゃないの。離れられないだけ。だから共依存では、お互いを好きなんだと思わないことだ。相手を必要としているけれど、好きじゃないんだ。多くの場合は憎んでいるね。束縛されていると思ったりね。

　だから、たばこを吸っている人を「愛煙家」とか言うけど、愛煙家は少ないのよね。「今日も元気だ。たばこがうまい」とか言ってたら愛煙家だけど、たいていの人はやめられないし、たばこがないといらいらして、やってられないわけでしょう？

　それを、ちょっと分けて考えることを習慣にしておくとセンスが良くなる。

　ボクは、たくさんのアルコール依存症の人を「酒好き」にすることによって治している。「酒好き」にすると飲む量がうんと減るからね。

スクールカウンセリングの現場より

いじめ被害者から見ると、加害者のグループはとても仲がよさそうに見える。ゆるぎない信頼関係で結ばれているように思える。

だが環境が少し変化しただけで、加害者グループの関係はすぐに壊れる。加害者一人ひとりが安心できる環境になって、ゆっくりと話を聴くと、お互いに根深い不信感があったことが語られる。彼らは、関係の脆さに直面しなくてすむように、表面的な結束を保っていたのだと分かる。関係への依存から自立できなかった無念さを、それぞれが話してくれる。

いじめ問題を共依存の観点から理解すると、解消の道筋が見えてくるかもしれない。

離れられない不幸であり、ひとりでいることができない不幸である。何が彼らをそこまで追い詰めたのかと思う。

愛着障害

　お母さんは適切な育児をしているけれども、赤ちゃんのほう
に感覚過敏や何かがあるゆえに、赤ちゃんが、自分のニーズと
マッチしたケアがされていると感じられなくて、何かズレを感
じてしまう。赤ちゃんの、そういう生来の障害のために起こっ
てくる愛着障害があるの。ゼロ歳のときからもうある。

　その種の愛着障害が起きるのは、ゼロ歳から１歳ぐらいまで
で、２歳ぐらいになると、脳が発達した分だけ、本人なりにい
ろいろと工夫して、愛着関係をつくっていきます。だから非常
にベーシックなところでの愛着障害なんです。

　このベーシックな愛着障害とは別に、３歳、４歳、５歳ぐら
いに、親の都合で生じた愛着障害は、「被害感」とか「悲しさ」
とか、「失望」とかそういう感情がもう持てるから、そういうマ
イナス感情の雰囲気が出てくる。うらみがましいとかね。

　ところがゼロ歳から１歳のときの愛着障害が、２歳や３歳ぐ
らいから克服されると、子どもの自覚や意識とかに上ってこな
い、言うに言われぬ「穴ぼこ」、何か欠けているものがあるよう
になるの。それは成人になっても残る。

　最近、ボーダーライン（境界性パーソナリティ障害）の患者
が減ったと言うけれど、その目で見れば、これがボーダーライ
ンケースの精神病理だと、ボクは思うんです。

ボーダーラインの精神病理は、今や愛着障害と発達障害の中に吸収されてしまっている。ボーダーラインは「早期対象関係の障害」とか言われていたけれど、つまるところ愛着障害なの。

> ## スクールカウンセリングの現場より

これは長年にわたって、多くの境界性パーソナリティ障害や発達障害のケースを診てきた経験から、神田橋先生が導き出した結論である。

教師の不祥事が発生すると、緊急支援のスクールカウンセラーが当該校に派遣される場合がある。わたしも派遣スクールカウンセラーを経験したが、優秀で、信頼されていた教師が突然、飲酒運転や窃盗、わいせつ行為などで逮捕された事案も多く担当した。

事態が明らかになった当初、同僚教師はエリート教師の意外な転落に愕然としているが、しばらくすると「そう言えば、こんなことがあった」と事件につながるような、小さなエピソードが語られることがある。ボーダーラインの病理が芋づる式に露呈してくる。

なんとか「穴ぼこ」を埋め合わせながら、「立派な教師」像を保ってきたのだろうが、身近な人々にはその綻びが、ほの見えている。経験を積んだスクールカウンセラーであれば、小さな違和感に気づくこともあるだろう。教師の不祥事が、子どものこころに「対象喪失」として及ぼす影響は大きい。なんとか破綻させずに持ちこたえる方策を探りたい。

おとなを信頼できない

　「おとなを信頼できない」と言う子どもがいるでしょう。そして「おとなを信頼できない子どもはどうしようもない」という話をよく聞くよね。

　それはそうなんだと思うけれど、考えてみたら、おとなを信頼できない子どももおとなになるんだよね。おとなになった、おとなを信頼できない子ども、の心境とはどういうものか、と空想しておくといいです。

　そうすると、今の「おとなを信頼できない」ということの深刻さが分かります。

　おとなを信頼できない子どもという段階は、まだ何となく希望があるけど、そのままおとなになっちゃうと、「信頼できない。しかし自分はおとなだ」ということになって、それは相当に深刻な状態だということが分かる。

> ╭─────────────────────────────╮
> │ スクールカウンセリングの現場より │
> ╰─────────────────────────────╯

　教職に就いた人がみな、子どものころに信頼できる教師に恵まれていたわけではないだろう。

　なかには、教師が大嫌いだったのに、今、教師として子どもたちに接している人もいるかもしれない。過去の傷つきのフラッシュバックに耐えながら、人を育てる仕事をするには、どれほどのエネルギーが必要だろうかと思う。

　教師の不祥事に対応した経験から振り返ると、不祥事を起こした教師は、自身が描く教師像と現実との間で、苦しんでいたのではないか、その苦悩や葛藤を持ちこたえきれなくなったときに、不祥事を起こしてしまったのではないかと思えるケースがいくつか思い当たる。

　近年、教職志願者が減少していると聞く。過去の傷つきは、周囲からのサポートで、子どもたちのこころの奥深くを理解する豊かな資質へと変貌するかもしれない。成長途上にある若い教師を支える知恵とこころが、関わるすべてのおとなに求められていると思う。

67

対人不信感

　双極性障害の人は、サポートしていれば、自殺は防げます。なぜかと言うと、双極性障害の人は、人間関係によるサポートを受け入れることが非常によくできるからです。つまり対人不信感が少ない。

　双極性障害でいろいろな行動をする人は、ボーダーライン（境界性パーソナリティ障害）と診断されることが多い。けれどもボーダーラインは、関係が深まった分だけ、すなわち依存心が高まった分だけ、不信感が深まるという構造なんです。

　ボーダーラインのケースは、対象関係の不安定を基盤にしている状態ですから、対象関係が深くなれば、不信感と依存心が共に高まってきて、燃え上がってきて、もうしっちゃかめっちゃかになる。それで、みんな苦労している。

　カウンセラーも苦労する。親も苦労する。本人も苦労する。ボーダーラインのケースはそういうようになるので、治療者はさらりとした関係を維持することが大事です。

　そこの違いで見分けがつきます。双極性障害による不安定な人は、人との関係に対する信頼感がありますので、治療者が一所懸命サポートしている心情が全部、届きますから、自殺を防げることがあります。しかし気分の波自体は、薬物を使うことでしか治せません。

カウンセリングが薬物治療よりも副作用が強く、有害だと指摘されることは多い。失敗例の多くが、境界性パーソナリティ障害のケースである。

カウンセラーの熱意がクライエントを抱え込み、依存心を引き出して、さらに混乱状態へと誘い込んでしまう。そのころにはカウンセラーもともに精神病状態に陥って、判断力を失って、ふたりで混乱の世界を彷徨うことになる。

そうならないように、カウンセラーはお試しのこころづもりでサポートしてみて、その反応で見分けて、境界性パーソナリティ障害が疑われたら、傷を深くしないように気をつけながら、依存心を引き出す関係にならないように努める冷静さが求められる。

スクールカウンセリングの場では、病気になって医療の助けを求める力さえもない、深刻な病理を抱えた人が保護者や関係者として登場することがある。

精神科領域においては、病気になって症状を示し、医療に助けを求めることができることも、本人や本人を支える環境が、まだ少しは健康を保っている証の場合がある。

しかもスクールカウンセラーの多くがひとり職場で、「専門家」であるがゆえに、周囲から助言してくれる人もいない。スクールカウンセラーの判断力と対応力が試される。

対象喪失

「対象喪失」ということばの意味を間違えている人が多い。「誰かが死んでしまった。あの人がいなくなったから対象喪失だ」というような報告があるけど、そんなことはないのよ。

「対象喪失」っていうのは、その人の内側にあって、人生の中で重要な対象として維持されていたものがdevaluate、その価値を失えば対象喪失なんです。そのことを分かっていないと、ごちゃごちゃになる。

例えば、こんなことがあります。嫁いじめの激しい、意地の悪い姑の面倒を最後までみているお嫁さんがいるよね。その姑が死んだら、対象喪失でうつ状態になったりする。

ずっと「早く死にゃあいいのに」と思っていても、いざ死んでしまったら「死んだ。良かった。うれしい」とはならないのよね。

それはなぜかと言うと、そのしょうもない姑を「最後まで面倒をみる」と頑張ってきた自分が、姑の死によって終わってしまうから、ガクッとなるんだよ。それが対象喪失うつ病。

精神内界で起こっているドラマが分からないと、外側ばっかり見て、「大好きだった、あの人が死んでしまったから、対象喪失だろう」と考えてしまうけど、そんなことはないのよ。事柄は全部、内側で起こっているかどうかだから。

> スクールカウンセリングの現場より

　教師の不祥事案件が発生すると、当該教師が尊敬されていた、評価の高い教師であるほど、周辺が受ける心理的なダメージは深刻になる。

　わたしはある犯罪で逮捕された、優秀な教師が勤務していた学校に、緊急支援スクールカウンセラーとして入った経験があるが、その教師がよく面倒をみていた不登校傾向の男児が、「僕が先生にたくさん迷惑をかけたから、それがストレスになって、先生はあんなことをしてしまった」と泣きじゃくりながら訴えるのに出会った。他の教師が、「あの先生はストレスが多くて、大変だったから、あんなことをしたのよ」と話すのを聞いたことが男児の訴えのきっかけだった。犯罪を犯してしまった教師をかばうつもりの発言だったのだろう。

　教師や生徒の急死などの場合にはショックが大きく、泣き崩れる子どもたちも多くて、緊急のケアが求められるが、その死が病気や事故によるものであれば、時間の経過とともに納得が生じて、悲しみを静かに抱えることができるようになる。

　だが不祥事案件の場合は、対応次第で、後々まで影響を及ぼすことが多い。

　上記の例のように、同僚教師が自身の対象喪失を抱えきれずに、当該教師をかばうようなことばをつい発してしまうと、それが子ど

もたちのこころを混乱させてしまう。逮捕に至るような犯罪は、どのように言い訳しても許されるものではない。

　対象喪失の状態にあるこころを思いやりつつ、教師が教育の場にふさわしい、子どもたちの将来にわたる価値観を損ねることのない態度を、毅然と保つことができるように支えることが、緊急支援スクールカウンセラーの役割となる。

第 **7** 章

発達の課題

心理テストの施主

　心理テストは、本人が自分のことを数量化した形で知りたいと思ったときに、本人にはテストの技術がないから、臨床心理士が本人から下請けして、テストをするというのが原則なの。そしてその結果を施主である本人にあげる。だから、あくまでも施主である本人が発注して、心理テストをしているわけだ。

　その味わいで心理テストをやると、心理テストの良いタイミングと、テストのやり方が自ずと分かってくるよ。こちらが知るためではなくて、本人が自分について知りたい気持ちが出てきて、テストをするからね。

　「自分は発達障害じゃないか」と本人が言うなら、「発達障害かどうかを見るために、こういうテストも参考になるけれども、あなたがいつか、それをしてみたいと思ったときには、私がやり方を知っているからできますよ」と言っておけば、本人がその機が熟したときには、「やってみようか」となる。

　そしてテストをしたら、結果のコピーをこちらが貰って、もともとのデータを本人に渡す。それだけのことで、向こうが施主だと本人に分かるの。

　コピーを向こうに渡して、こちらが本物を取ると、ダメなの。ちょっと味が違ってくる。こちらは結果が分かりさえすればいいんだ。

　スクールカウンセラーが学校から心理テストの施行を依頼されることがある。多くはWISC（ウェクスラー式知能検査Wechsler Intelligence Scale for Children）である。

　子どもの状態や学級の状況によっては、通常級よりも特別支援学級で学ぶほうが、能力を伸ばすことができるケースは少なくない。近年は特別支援教育に熱心に取り組んでいる教師や、専門的な知見から指導の工夫を重ねている教師も多く、特別支援学級で学んで、びっくりするほどに成長した子どもにわたしも多く出会ってきた。

　特別支援学級で学ぶには、教育委員会の承認が必要であり、その参考資料としてWISCなどのデータが求められる。

　そういう事情に加えて、「学校」と「テスト」ということばは馴染みが良いので、安易に実施されかねない。教師から「学校でスクールカウンセラーにテストをしてもらってよいですか？」と訊かれて、その意図がよく分からないままに承諾して、結果が出て、いきなり特別支援学級の話をされて驚く保護者もいる。

　WISCは非常に重要な個人情報である。安易な実施は人権問題である。また実施者が未熟であると、データが正確とは言い切れない危険もはらむ。

　現実には、本人に知りたい気持ちが生じるまで待てないことも多いし、結果を記した用紙がコンピュータから複数、出力されれば、

結果のどちらが本物、どちらがコピーという判別もできない。

　だが神田橋先生が言う「施主」の視点を持っていることは、心理サービスの専門家としてのスクールカウンセラーのありようを支える。「子どもが主人公」の具現だと思う。

　なおスクールカウンセラーによる心理テストの施行を禁止している自治体もある。勤務する自治体の方針と、その趣旨をよく理解しておくことが必要である。

得意と不得意

　ボクは、障害を持つ子どもに対して、得意なところをどんどん伸ばしていく方針と、苦手なところを少しでも穴埋めしていけば、社会生活がしやすくなるだろうという方針と、どっちがいいのかなぁと、ずっと悩んできたの。で、やっぱり得意なところを伸ばすやり方のほうがいいと思うようになったんだよね。

　長所を伸ばすやり方には、長所が伸びている喜びがあるけど、そこにも不得意なところが少しは関与するのよ。だから長所を伸ばすことを意欲を持ってやっていると、不得意なところのトレーニングも同時にちょびっとはされると思うんだ。

　ボクはどの運動もダメだった。手品を一所懸命やって、うまくなったけれど、練習量が半端じゃなかった。毎日何時間もやった。運動に優れた人だったら毎日15分とかでうまくなるんだろう。

　だから、本人にやる気があると、不得意なところも伸びるんだよね。と言うのは、進歩すると楽しいから。傍目には小さな進歩でも、本人にとっては大きな進歩だ。他の人と比べれば全然ダメなレベルかもしれない。だけど得意なところは少しの努力でどんどん伸びるよ。

　ボクが家庭教師をやっていたときは、いちばんよくできる教科だけを勉強させたの。できない教科はさせない。でも、勉強

させなかった教科も成績が上がってくるの。そうすると学校に行くのが楽しくなって、他の教科ももっとできるようになる。ボクは家庭教師の名人だったんだ。

> ## スクールカウンセリングの現場より

　学校で全員面接をするとき、わたしは最後に必ず「あなたの得意な教科は何ですか？」と問う。続けて「好きな教科は何ですか？」と問うと、子どもたちは怪訝そうな顔をする。「苦手な教科は？　じゃないんですか？」と聞き返してくる生徒もいる。「好きな教科をしっかり勉強すると、なぜか苦手な教科も少し得意になってくるんだよね」と返すと、子どもの表情がすっと明るくなる。

　かつては書店の受験参考書のコーナーに行くと、「弱点対策」といった文字が目についたものだった。学校教育では弱点すなわち「玉に瑕」のない粒ぞろいを育てることが求められていたことの表れだったのだろうか。

　「粒ぞろい」ということばには、変形の粒や小さな粒だけでなく、大きな粒を除外する意味も含まれていることを、スクールカウンセラーが頭の片隅に留めておくことは無駄ではないと思う。

これから

　アスペルガー障害のある人は「これから」ということばで分からなくなるときがある。「『これ』って何だろう？」と考えて、すごくストレスになるの。

　「これからどうするの？」と将来のことを聞かれて、「はい、お昼ごはんは弁当を食べます」とか返事をするの。「もう12時近いから、先生が『これから』と言っているのは、今から次の動作だろうな」と本人が理解してね。その結果、一所懸命に考えて答えたのに、「なんで、こっちが聞きもしないことを言うか」と怒られる。

　ボクが知ってるアスペルガー障害の人は、小学校の家庭科の時間に、先生が「ジャガイモを2センチ角に切りましょう」って言ったから、ものさしで測って切って、「ふざけたことをするな」って怒られたと言ってた。ことばを正確に聞くから、可哀想なんだよね。

　それに、あなたの「これから修学旅行はどうするの？」という質問は、考えてみたら全然論理的なことばじゃないよね。論理的に考えたら、「その子が修学旅行をどうこうできるのか？」という意味だからね、混乱させるばかりで、全然ダメなんだよ。

> **スクールカウンセリングの現場より**

　子どもは空気を読みながら、ことばの使い方を覚えていく。発達障害を持つ人は空気を読むのが苦手なので、ことばの意味を少しずれて覚えていることがある。

　わたしはある保護者からの依頼を引き受けたときに、その保護者がとても喜んで、深々と頭を下げながら、「先生の力量が問われますねぇ」と言うのに戸惑った経験がある。おそらく、「力量に期待しています」と言いたかったのだろう。

　また記憶力に優れていることが多いので、覚えたことばを覚えた字義通りに使う。

　例えば、仕事を割り振られて、「どうして、私がこの仕事をするのですか？」と問い返すことは通常、「私はこの仕事をしたくありません」という含意である。だが発達障害を持つ子どもたちが「どうして？」と問い返すときは、純粋に「理由を知りたいから、教えてください」という意味のことが多い。

　彼らは「含意」を使うのが不得意である。定型発達とされる人にとっても、字義の裏に別の意図を潜ませて伝え、理解することは、かなり高度なコミュニケーションテクニックである。

　そして彼らは、非言語的な表現も苦手なので、「純粋に、理由を知りたい」という気持ちを表情や口調で伝えることが下手である。

　学校では、そういう齟齬が頻繁に起きる。そこでわたしは教師や

保護者に、「『どうして？』と彼らが言うときには、純粋に理由を問うているのです。ですから、『どこが分からないの？』と聞き返してあげてください」と助言していた。すると、ある保護者から「うちの子は『質問に質問で返すな』と怒ります」と聞いた。

　そこでまた考えて、「どうして？」と彼らが言ったときには、「純粋に理由を知りたいのだろうなぁ」と本人の気持ちを汲み取りつつ、彼らのことばに耳を傾け、疑問に答えるつもりで、ことばを重ねていくのが良いのだろうとの結論に至った。

　なお記憶力がいい子どもには、そういう齟齬のメカニズムについて丁寧に説明すると、彼らの脳内フローチャートに「こう受け取られる場合がある」という１項目が付け加えられて、コミュニケーション能力が伸びていく。手間を惜しまずに対応したい。

発達障害の精神療法

　発達障害のある人たちが、今、示している状態は、生まれつきの障害プラス挫折体験による自尊心の極端な低下なんです。ふたつが合わさっているんです。

　その状態の人へのいちばん良い精神療法は、発達障害について説明してあげることなの。それだけ。「こういう状況で、これができないでしょ？　これが苦手でしょ？」と説明してあげると、今までのいろいろな失敗が、「あぁ、それでできなかったんだな」と、「そこが分からなかったんだな」と理解できるので、低下していた自尊心がすーっと上がるんだよね。

スクールカウンセリングの現場より

　スクールカウンセリングの場では、保護者の理解が事態を変える。それまでに何度も失敗を体験して、本人も保護者も困り感が確かになっていると、「発達障害」の説明は受け入れられやすい。

　だが、まだ迷っている最中の保護者にとって、「障害」ということばは決めつけと感じられるらしく、受け入れてもらいにくい。必要に迫られて「発達障害疑い」を伝えて、面接が中断した経験がわたしにはある。

　そこで保護者面接において、親がそれまでに重ねてきた工夫を評

価し、親と一緒に新たなアイデアを出し合い、少しでも改善の兆し
が見えてくるところまで、待つことにした。スクールカウンセラー
と一緒に考えた工夫によって、改善の兆しが出てくると、スクール
カウンセラーから「発達障害かも」と伝えても、保護者の気持ちが
「次の工夫へ」と進むらしく、拒否されることが少ない。

　ちなみに、わたしがスクールカウンセラーを始めたころはまだ、
学校現場での発達障害への理解は乏しく、「親の育て方が悪い」と保
護者が責められていた。そこで多くのスクールカウンセラーが「障
害であって、親の育て方の問題ではない」と啓蒙に努めた。

　わたしもそのひとりだったが、その説明では親がどれほど育て方
を工夫しても、改善の余地がないという意味になると気づいて、「親
の育て方の問題だけによるものではない」と研修会などで話すよう
にした。もともとの障害があっても、育て方をさまざまに工夫し、
改めていくことで、発達の可能性がたくさんあるという思いを込め
てのことであった。

　保護者や教師の育て方の工夫によって、自身の長所に気づき、大
きく伸ばしている子どもたちは多い。

統合失調症との鑑別

　発達障害がある人は「自分は丸ごとダメ人間だ」と思えて、つらいから、それを自己解決する方法として、「自分が丸ごとダメ人間なんじゃなくて、世間がみんなで、私をいじめ倒すから困るんだ」と外在化する。

　外在化できるのは、これは優れた脳だ。そして被害感をつくるほどの脳の働きがあれば、急速に精神病状態のようになる。

　発達障害を持つ人は「人からいじめられているように思えて仕方がない」とか、「いじめられて困るんです」とか言います。「いじめられる」ということは外側で起こっている事象で、「それで自分は困っている」と言うの。主体があるので、困る。「自分は困る」と言ったら、まず統合失調症ではない。

　ところが統合失調症の人は、その考えの中に主体が全部吸い込まれてしまいますから、困らないの。統合失調症の人は「いじめられて困る」じゃなくて、「いじめないでくれ」「なんで私をいじめるんだ」となる。

　だから発達障害の人は「自分がこういう体験で困っているんだ、悩んでいるんだ」という感じの発言が多いっていうことが、統合失調症との違いね。

スクールカウンセリングの現場より

　なかなか治らない精神疾患のベースに、発達障害が隠れていることが多いと指摘されるようになった。脳の働きが良いので、被害感も生じやすく、その結果、統合失調症の妄想と似たような表出をすることになって、不要な薬物治療をされる。薬物治療の影響で、感情表出が平板になり、さらに統合失調症ふうの人になっていく。

　スクールカウンセラーは思春期の子どもたちと会うことが多いので、被害妄想的な話を聞くと、統合失調症を見落としているのではないかと不安になる。

　多くの患者を長年にわたって治療してきた神田橋先生は、精神疾患について「味わいが違う」と言う。名人の感性に凡人は及びもつかないが、「主体」の有無による言語表現の違いは重要な手がかりになる。

悪い人じゃない

　それから、発達障害がある人には人懐っこいところがあります。手に負えないし、困った人で、付き合いきれないけど、憎めない感じがあるんです。

　それが、この事例のお母さんが離婚しているのに、元夫と一緒に暮らしている理由なんです。悪い人じゃないんだけど、夫婦として付き合うと、まいってしまう。「夫婦関係は解消したいけど、付き合うだけにしたら悪い人じゃない」という感じの人はだいたい発達障害です。

> スクールカウンセリングの現場より

　発達障害の治療と研究で高名なある先生が「発達障害の子どもは、例外なくかわいらしい」という趣旨のお話をされていた。神田橋先生が言う「憎めない感じ」と共通するものだろう。

　ある特別支援学級の担任から、「両親の愛情を受けて育った発達障害の子どもたちはとても愛らしい。この愛らしさで、この子たちの生きていく道が開けると思う」と聞くことがあった。

　親といえども、気持ちにゆとりがなければ、子どもに愛情を注ぐことはできない。両親が愛情をたっぷり注ぐことができるように、周囲が両親をしっかりと支えることが求められている。

　愛情だけですべてが解決するとは思わないが、問われているのは、社会の理解と支援の広がりだと思う。

納得

　発達障害という視点は本来、本人に教えて何の害もないものなの。「これは自分に当てはまる」とか、「これは当てはまらない」とか、本人と話し合うといい。

　このあいだ来た発達障害の患者さんは、10年以上ずーっとうつ病と診断されて、いろいろ治療してきておられた。だけどボクはうつ病の下に発達障害があるのではないかと思ったので、本を2〜3冊紹介してあげました。そうしたら、次に来たときには「とても助かった」と言っておられました。

　今まで、うつ病だと診断した先生たちが、みんな一所懸命に薬を出して、調整してくれて、自分もそれに従ってやってきたが、「どうして治らないんだろうか？」と思っていた。そしたら、本を読んだら自分にぴったり当てはまる。

　それで、「今まで分からなかったことが分かって、すごく助かった」と言われたけれども、症状は何も良くなっていない。

　だから、ある程度の知能がある人は、自分の病気の本態が分かることは、絶望もあるかもしれないけれども、すっきりするんだね。

　特に発達障害の人たちには、「分かった」とか「なるほど」とかいうような納得が、すごくサポートになる。言い換えると「どうしてかな。分からん。何か変だな」ということが、とても苦

しみになるんです。

┌─────────────────────────┐
│ スクールカウンセリングの現場より │
└─────────────────────────┘

　生徒指導の場で教師が、発達障害を持つ子どもに、なぜ本人が指導（叱責の場合が多い）されているのかの理由をくり返し説明しても、なかなか納得せず、教師も生徒も疲労困憊している場面に出くわすことがある。

　しかし、たまたまキーワードをうまく見つけることができて、事態を理解すると、彼らは驚くほど素直に納得し、切り替えることができる。「あれほど頑なだったのに」と拍子抜けすることもある。

　一般に、発達障害を持つ子どもたちは「切り替えが難しい」とされることが多いが、それは納得がいかない何かがあって、彼らがそれをうまく説明できないだけでなく、周囲も理解する余裕を失って、力ずくで言うことを聞かせようとして、ますますこじれている状態なのかもしれないと思う。

　発達障害を持つ人々は情緒的な理解が難しいことが多いが、その分だけ、論理的に理解し、納得することが重要になるのだろう。

　いわゆる定型発達とされる子どもたちのほうが、理解した後もなかなか納得せず、こじれる。空気が読める分だけ、プライドが許さ

ないのかもしれない。

　ただし発達障害を持つ子どもたちでも、切り替えがうまくできなくて、ひどくこじれることがある。発達障害の二次障害としての複雑性PTSDが深刻な場合である。情緒的にこじれる程度から、彼らがくり返し体験してきたトラウマの過酷さが推測できる。上記のような、納得がいかない状況を力づくで抑え込まれる体験の積み重ねも、複雑性PTSDの原因となる。

人間関係の訓練

　自閉症スペクトラム障害の人は人間関係がうまくできないですよね。だから人間関係がうまくできるようになれば、すごくいいと考えられるわけです。それでそういう訓練をされます。

　そうすると、「人間関係が上手になって、人とうまく付き合えるようになるのがとても大事である」という価値観がすりこまれ、その結果、「私はダメだ」と本人が常に自覚する日々を送ることによって、不健康になる。人間関係がいちばん苦手なのに、いちばん苦手なことの訓練をずーっとさせられたらかなわんですよ。本人の得意なことをさせるほうがいい。

（ スクールカウンセリングの現場より ）

　よかれと思って指導する際には、指導する側に目指す理想形がある。指導する側が描いた理想形に向かって、指導する側が描いた進路に沿った前進が求められる。そして本人には、「期待に沿えない自分はダメなのだ」という挫折感がすりこまれる。

　ある小学校で、折り紙がとても上手な５年生の少年に出会った。自閉症スペクトラム障害の診断を受けていたが、知的能力が高くて、学業成績も良く、通常級で授業を受けていた。彼は授業中も折り紙を続け、休み時間に折った作品を養護教諭に届けることを楽しみに

していた。彼が黙って作品を差し出すと、養護教諭は笑顔で受け取り、「〇〇君箱」と名付けた段ボール箱に大切にしまっていた。

担任は授業中の折り紙を、「手遊び」だと快く思っていなかったらしい。最後部の指定席が与えられて、彼は同級生に見つからないように、机の陰や、後ろ手で折り紙を折っていた。折り紙をしながらのほうが、授業に集中できるらしかった。

わたしは保健室で一度、彼が後ろ手で器用に、直径1センチほどのバラを緻密に折り上げるのを見せてもらったことがある。横で養護教諭が、自分のことのように誇らしげに微笑んでいた。

翌年、養護教諭は異動になった。担任は後任の若い養護教諭に、彼の作品を受け取らないようにと指示をした。加えて彼に、「教室での折り紙は禁止」と伝えた。

彼は険しい表情で座席にじっと座っていたが、数日後、黙って教室を出て帰宅し、その後、完全不登校になった。

もしかしたら、養護教諭と彼との折り紙を通じたやり取りは、そのときの彼にとって、最も適切な人間関係の訓練だったのかもしれないと思う。

（事例は、個人が特定されることのないように、本質を損なわないと考えられる範囲で改変を加えています。）

文字会話

これを覚えておいてください。

あまりはっきりした症状が出ていない統合失調症の人は、話をするとわりに話が通じるんです。ところが文章を書かせると、文章の論理性とか、話の持っていき方の滅裂が目立つんです。

ところが発達障害の人は、対話をしているとちんぷんかんぷんで、ピントがずれたりするのに、文章を書かせると、きちっとまとまった文章が書けるんです。したがってツイッターとかに、発達障害の人がたくさんはまっているわけです。

つまり直接会話は不得意だけれども、文字会話、文字にして会話するということはとてもなめらかにできる。そういう感じが自分でも分かるわけだから、みんな、はまってしまう。

（　スクールカウンセリングの現場より　）

アスペルガー障害の診断を受けた知人が、あるIT関連企業で、社外からのメールの問い合わせに回答する仕事に専従している。

いかにも真面目かつ不器用そうで、話していると、イラッと来る失礼なセリフも出てくるが、無邪気な幼子の雰囲気がある。部署の人に訊いてみると、メールの文章はとても簡潔で明快、分かりやすいので、問い合わせてきた人の評判も良いとのことだった。仕事に

取りかかると、全力投球をする分だけ、疲れやすいので、彼にだけ仮眠の自由が与えられている。

　そういう個人の特質を理解し、活用する企業がこれからの時代には求められると思う。

　（事例は、個人が特定されることのないように、本質を損なわないと考えられる範囲で改変を加えています。）

78

良くなりたい

　発達障害の人たちは「良くなりたい」という気持ちがあるので、諦めずに何かかんかしますので、非常に困った事態が起こってきます。

　自分なりに職をいろいろ変えてみたり、いろんな民間療法や新興宗教に行ってみたり、そこでまたトラブって暴力事件を起こしたり、いろんなことを起こします。

　そうすると今度は、ちょっと勉強熱心な精神科医が境界例とかパーソナリティ障害とかの診断をするわけです。

　統合失調症の患者さんはわりにワンパターンで、いろいろなことをしません。ところが発達障害の人はいろいろな能力があるので、あれこれやります。自己治療として手首を切ったりもしますから、「これは統合失調症じゃない。境界例だ」と診断されたりして、めちゃくちゃになってしまう。

スクールカウンセリングの現場より

　ある研修会で講師を務めた後、帰り支度をしていると、発達障害の当事者だという若者が寄ってきた。彼はわたしの前に立つと、「さっき、あなたが言ったことばは、僕がいちばん言われたくないことばです。やめてください」と話し始めた。ストレートな物言いにた

じろぎながらも、ひたむきな彼の様子に、「どのことばですか?」と訊き返した。

　彼は「あなたは『本人ができていることを認めて』と言ったけれど、そのことばは許せない」と答えた。「できていることを認めるだけで、できていないことを指摘してくれないと、いつまでもできるようにならない。僕はできるようになりたい」というのが彼の主張だった。

　わたしは自分の理解の浅さと表現の拙さとを彼に詫びた。

　思い返すと、わたしがスクールカウンセリングの場で出会った発達障害を持つ子どもたちは例外なく、強い向上心を持っていた。たゆみない向上心が、彼らの最大の特徴だと言ってよい。

　彼らはアンテナを精一杯に張って、彼らなりのより良い方向を目指して、常に努力を続ける。ところがアンテナを張り過ぎるがゆえに、無用な雑音を拾ってしまったり、情報を間違って受け取ったりして、彼らの努力は自身の意図や周囲の期待から外れた結果となってしまう。

　そのたびに彼らは戸惑い、困り果てる。「できるようになりたい」と強く思うから、できなかったときの挫折感と悔しさは大きい。スクールカウンセラーにできることは、諦めずに、彼らの困惑を理解しようとし続けることかもしれない。

卵焼き

　なんとかして、その子の優れたところを見つけるといいの。優れたところは母親に聞いてください。小さいときに現れているからね。それがひとつ。

　それから、ボクがつくった発達障害を見つけるためのお話を教えます。

　　その子は卵焼きが大好きでした。お母さんが久しぶりに卵焼きをつくってあげたら、その子はおいしそうに食べていました。

　　お母さんがうれしくなって「今日の卵焼きはよく出来たのよ。おいしいでしょ」と話しかけたら、その子がお母さんを殴りました。

　　それがどうしてだか、分かりますか？

　そう聞くと、発達障害がある人の３分の１はすぐに「分かります」って言います。３分の２の人は、説明すると、「そうなんですよ。分かります」と非常に喜びます。

　そして発達障害のない人は「へーっ、さっぱり分からん」とか言って、「不思議な話があるもんだ」というような反応をします。

　分かる人は発達障害があるんです。どうしてだか、分かる人いる？

　お母さんが卵焼きをつくってくれて、卵焼きが好きだから、おいしく食べてたのね。そこに、お母さんが「おいしいでしょ」って話しかけたから、味わうことが妨げられたんです。話のほうに注意を向けるものだから、食べる作業が無味乾燥なものになってしまった。せっかくおいしく食べているのをお母さんが、わざわざ邪魔をしたんだ。

　この話には、実際の例がありました。パソコンをさわっているときに、「そうじゃなくて、ここをクリックしたほうがいいよ」とか誰かが親切に教えてくれると、今までやっていた作業が、訳が分からなくなって、「うるさい。お節介なやつだ」と腹が立ったという話があったので、最初はその例を使っていました。だけど、それだとパソコンをさわらない人には分からないから、同じようなこととして卵焼きの話をつくったの。

　これのいい点はね、普通のテストでは、正解できない人がバツなんだよな。これは正解できる人が発達障害なの。だから、なんかいいでしょ。共感的なテストなの。それでボクは気に入ってます。みなさんも気に入ったら、お使いください。

カウンセリング室の隣の和室を居場所にしている中2の男子がいた。自閉症スペクトラム障害の診断を受けていた彼は、気分が良いと廊下でエア縄跳びをしていた。わたしが通りかかると、飛び跳ねながら、得意のコーヒーを淹れるコツについて、うんちくを語ってくれた。

ある日、和室がドタバタと騒がしかった。事務室の先生が「何か気に入らないことがあったらしく、教科書を破って、大暴れしています。担任を連れてくるので、それまで見ててください」と、わたしを呼びに来た。

和室に入ると、入り口にも、破られた教科書の端っこが散らばっていた。わたしが拾おうとすると、彼が「触らないでっ」と怒鳴った。間もなく担任が来たが、わたしも時間があったので、ふたりで部屋の隅に座り込んで、彼とは無関係の雑談をすることにした。

彼は数分で落ち着き、自分で破った教科書を拾い集め始めた。わたしが近くに落ちていた端っこを渡すと、「ありがとうございます」と礼儀正しく受け取った。

臨機応変が苦手な彼らが混乱しているときに、周囲からの親切は余計な闖入者でしかない。かと言って、「じゃ、勝手にしなさい」とその場を離れてしまえば、あふれそうになる情報を懸命に処理しようとしている彼らの脳に、「見捨てられた」という新たな情報負荷を

課すことになる。

　彼らに注意を向けずに、ただ傍にいることは、卵焼きの美味に没頭したり、事態に混乱して、興奮をなんとか収めようとしていたりするときの彼らへの程よいサポートになると感じる。

（事例は、個人が特定されることのないように、本質を損なわないと考えられる範囲で改変を加えています。）

農耕社会と狩猟社会

　狩猟社会から農耕社会に移行することによって、人類は地球上に広がっていったわけだよな。農業は一致協力してやるので、みんなと同じであることが大事なの。

　その農耕社会のスタンスが産業革命にも引き継がれて、みんなが同じような能力を持つことが必要とされる産業社会が出来上がった。

　その時代が今、崩壊しようとしているんだと思うの。崩壊する流れの中で、産業社会の最も優秀な人材であった、うつ病親和者がうつ病になってきている。

　一方で、産業社会の構造をつくっているトップの人たちがもう一度、産業社会を強化しようとして一所懸命に圧力をかけるもんだから、産業社会にはもう向かなくなった人たちはますますドロップアウトしたり、うつ病親和性の人たちはうつ病になったりしている。

　その先兵になっているのが発達障害。発達障害の人の親も発達障害であることが多いんですけど、少なくとも親は子どもより程度が軽い。

　なんで子どものほうが重いのか。ひとつは黒田洋一郎先生が言うように、受精卵の化学物質汚染があるだろう。もうひとつは、勝手気ままなことをしなかったのがいけなかったのかなと

か、いろいろ考えるんだけど。

　いずれにしても、今は苦労している発達障害の人たちが少しずつ増えてきていて、そのうち、発達障害の人たちが中心の社会が出来てくるんだろうと思うの。

　そうなると、狩猟社会の形にみんな戻るわけだ。狩猟社会というのは、みんながそれぞれの特技をいかして、ひとつの獲物をねらう社会です。

　槍はこの人が上手とか、この人は足跡を見つけるのが得意とか、この人は皮を剝ぐのがうまいとか、そういう分業チームでしょう。

　そういうものが出来てきたときに、うつ親和者の遺伝子を持っている人は、そのチームのマネージャーと言うか、黒子みたいな役割をする。そんなことをしながら、少数者として生き残る形をとる社会が出てくるだろうと思うんです。

　そういうことを空想すると何がいいかと言うと、発達障害を持つ人を診たときに、「この子は何ができないか」じゃなくて、「この子は何ができるか」と、そのできるところで暮らしていくようにサポートができるよね。

> スクールカウンセリングの現場より

『発達障害の原因と発症メカニズム──脳神経科学からみた予防、治療・療育の可能性』（黒田洋一郎・木村‐黒田順子著、河出書房新社）において、黒田先生は、自閉症の発症メカニズムにおいて、遺伝要因が過大評価されてきたことを指摘し、「成長にともなうホルモン系の変化の影響などが考えられ、"自然治癒"も当然ありうる。さらに医師や親、周囲の適切な対応や療育さえあれば、症状の改善の可能性は高く、昔はよく言われていた『発達障害は治らない』という見解は完全に誤りだったと言える。発達障害の子どもの脳も、絶えず発達し続けるのである」と述べている。

スクールカウンセラーとして支援に当たる際に、踏まえておくべき重要な見解だと思う。

わたしも周囲の理解によって、驚くほど発達していく子どもたちに出会ったし、発達とともに、隠れていた優れた資質が開花していく様も見てきた。

現在の社会では、空気が読めて、みんなと仲良くできる人が求められる。学校はオールマイティであることを求めがちである。

だがコンピュータが社会インフラのひとつとなった時代においては、神田橋先生の言う「狩猟社会」のような、それぞれの資質を生かす社会の到来は思うよりも近いのかもしれない。そうなると発達障害の概念も変わってくるだろうし、少なくとも、白人の成人男性

を基準にした知能テストによって、障害の有無を判定することはな
くなるだろうと思う。

　WHO（世界保健機関）が2001年にICF（International Classification of
Functioning, Disability and Health国際生活機能分類）によって示したように、
環境との相互作用によって、障害と呼ばれるものも、健康状態のあ
りようも変わっていく。神田橋先生のことばは、その方向性を示す
ものだと思う。

第 **8** 章

医療と薬

81

連携

　あなたと患者さんとは薬のことを話し合えるけれども、薬は医者が出しているわけですから、いちばん大事なことは、薬を出している医者と患者さんとの間で、話し合いができるかどうかだよな。

　「医者との関係の中に薬はあるんだから、これをちゃんと話し合わないと、医療的なチームがうまく連携できないようになるんです」と言ってあげることが必要。それが、みなさんの仕事です。

　　　　　スクールカウンセリングの現場より

　平成27年施行の公認心理師法第四十二条２項に「公認心理師は、その業務を行うに当たって心理に関する支援を要する者に当該支援に係る主治の医師があるときは、その指示を受けなければならない」とある。

　同じ職場で勤務する、よく知っている心理職に対しての指示であれば、医師も対応しやすいだろうが、会ったこともない心理職への指示は難しいのではないだろうか。また、校種によって、あるいはカウンセラーの個性によって、各学校でのスクールカウンセラーの位置づけは微妙に異なるので、どういう仕事をしているのかについ

て、具体的に把握できないスクールカウンセラーに指示を出し、その責任を負う医師の負担はどれほどかと思う。

　発達障害や精神疾患を危惧して、スクールカウンセラーが受診を勧めることは多い。薬物が処方されて、状態が改善すると、スクールカウンセラーもうれしい。一方で、教室での様子を実際に知る教師から「改善が見られない」、あるいは「服薬するようになって以後、授業中も、よだれを垂らして寝ている」などの話を聞くと、医師に処方の工夫をお願いしたくなる。

　そんなときには神田橋先生の助言にあるように、保護者に「お医者さんによく相談してくださいね」とお願いするのが、スクールカウンセラーの仕事である。医師は患者の訴えをよく聴いて、処方の工夫をしてくれる。

　状況次第では、診察時に担任や養護教諭の同席を勧めることもある。教師との面接は別料金の医療機関もあるので、予算獲得について、いくつかの手順を踏むことになるが、医師の側からも、患者の学校での様子を詳しく知ることができて、有益だったと喜ばれる。

　精神科医の中井久夫先生は「患者がいかに薬の不都合な点を医者に伝えてもそれは医者の面目をつぶすことではなく、それをただちに伝えてもらうことこそ最大の協力」と述べている（『精神科治療の覚書』日本評論社）。

　いちばん困っているのは、当事者である子どもである。子どもの利益となるように、スクールカウンセラーは自身の関与のあり方を厳しく自己点検しながら、最善を尽くしたい。

身体疾患

　「ストレスによる頭痛」のほとんどは、僧帽筋＊の緊張なんです。

　ボクの『精神科養生のコツ』（岩崎学術出版社）の中に書いています。人間のからだを後ろから見ると、僧帽筋はとても大きいの。平べったい筋肉が肩から首を通って、頭まで広がっている。1本の筋肉だから、肩が凝ると頭痛が起こるんです。肩凝りと一緒に頭痛がある場合は、肩凝りをマッサージすると気持ちがいい。気持ちが良くて、頭痛が減れば、これは僧帽筋の緊張による頭痛です。頭痛薬を飲んでもなかなか効かないの。昔からある「青竹踏み」がとても有効です（『「心身養生のコツ」補講50』岩崎学術出版社）。

　＊僧帽筋……首や肩あたりの背骨から肩甲骨まで走っている表層の筋肉。先端は後頭部にまで達している。

━━ スクールカウンセリングの現場より ━━

　神田橋先生は診察の際には必ず、全身の状態を綿密に観察する。犯罪被害に遭った後に、失神発作を起こすようになった女性が「PTSD疑い」という情報提供書を持って来院することがあった。神田橋先生は患者の全身をじっと見て、「脳腫瘍があるようなので、脳神経外科で検査をしてもらっておいで」と紹介状を書いた。

　脳神経外科でMRIなどによる検査が行われ、脳腫瘍が確かめられた。手術などによる治療で回復した後、PTSDへの精神科治療が行われることになった。失神発作は脳腫瘍によるものであった。

　神田橋先生のような神業はわたしにはできない。だが「摂食障害」として養護教諭から紹介された生徒に「なんだか違う」という印象を持ったことがあった。

　本人も「痩せてはきたが、体調や気分は変わらない」と言い、運動部の練習も頑張っていた。その後、母親とも会ったが、母親から受ける印象も「なんだか違う」と感じたので、身体疾患の検査を勧めると、すでに3つの病院で検査済みで、どこの病院でも「異常なし」と診断されたということだった。

　だがしばらく経っても食欲が戻らないので、地元でいちばん大きな病院に検査入院をすることになった。2週間の入院でも異常は見つからず、午後には退院となった日の朝、ひとりの医師から「もう一度MRIを」と言われて、検査をしたところ、ごく小さな脳腫瘍が

見つかり、すぐに手術を受けることになった。

　他にも「ヒステリー性の失明」とされていたが、後に脳腫瘍が判明したケースを聞いたことがある。

　心理職は常に「心因性」の陰に、身体疾患が隠れていないかと気をつけなくてはいけない。若い人の身体疾患は進行が速い。時間の空費は大きな損失となる。

　なお、いきなり興奮する、暴力を振るう、感情のコントロールが難しい、忘れ物が極端に多い、急に学習のやる気がなくなった、学校で寝てばかりいる、といった児童生徒の中には、高次脳機能障害が隠れているケースがある。「高次脳機能障害情報・支援センター」の資料によれば、高次脳機能障害が推測される子どものうち、6〜8割が診断を受けておらず、適切な治療や支援を得ていないことが報告されている。

　スクールカウンセラーは彼らに近い場所にいる。高次脳機能障害が懸念される子どもがいれば、脳の外傷や病変が疑われるエピソードがないかをよく聞いて、必要に応じて、各都道府県の相談窓口や専門医療機関（「高次脳機能障害情報・支援センター」のホームページ参照）などに紹介したい。

　（事例は、個人が特定されることのないように、本質を損なわないと考えられる範囲で改変を加えています。）

発達障害と精神病薬

　発達障害の人のかなり特異的な特徴は、精神病の薬でめちゃくちゃ悪くなることなの。精神病の薬を飲むと、ほんとうの精神病の人みたいになる。

　だから精神科医によって少し間違った診断がなされて、精神病薬を出されることで、ますます診断が確立するんだ。

　「ほら見てごらんなさい、初診で来たころは精神病の初期だったんだ。薬で治療しているうちにどんどん進行して、精神病の症状がはっきりしてきたでしょ」と言うけれど、そんなことはない。

　薬を飲んだから、その有害作用でいかにも精神病っぽくなった。治療したから、病状が進行したんです。

スクールカウンセリングの現場より

　近年、さまざまな発達障害の薬が発売されている。薬が合うと、画期的に効くらしい。子どもたちは「頭がすっきりした」「勉強が分かるって、こういうことだったんだ」と明るい表情で話すと聞く。

　薬が効けば、学校でトラブルを起こすことが減るので、トラブルの解消に取られていた時間を学習に使うことができて、その分だけ、成績が上がる。成績が上がると自尊感情も高まるので、生活への意

欲も高まる。子どもの発達に大いに貢献するだろう。

　だが効果も判然としないのに、だらだらと服薬を続けるのは損失が大きい。かえって悪化しているのに、医師に遠慮して状況を伝えない保護者もいる。「服薬していれば、そのうちにきっと治る」と、希望を捨てたくないのかもしれない。

　どのような薬も漫然と飲むものではない。「助言81　連携」でも述べているように、スクールカウンセラーは保護者に、主治医への正しい報告と相談とを勧めることが必須である。

化学薬品過敏症

　スクールカウンセラーのみなさんは、まだ医療にかかっていない発達障害の人に会うことも多いでしょうから、「なんとか向精神薬を飲まさないようにしたい」という思いを持ってください。

　ボクが向精神薬を使いたくないのには、ふたつの理由があります。

　ひとつは、発達障害の子どもたちは発達して行きつつあるわけですから、向精神薬はそれを遅らせるような気がするんですね。確証はないけど、学習訓練が身についていくことを遅らせるような気がする。

　例えばリスペリドン（販売名リスパダール）が発達障害の子どもの易刺激性に効くというので、よく使われますが、リスペリドンが脳を育てるということは絶対にない。リスペリドンの薬効は、脳内の伝導物質の抑制だからね。抑制するものは、いくらか成長の妨げになるだろうと思います。必要悪だよね。

　不必要悪だったらもっと困る。だから、ときどき「不必要悪じゃないか？」と思って、薬を止めたり、減らしたりしなきゃというのがひとつ。

　もうひとつは、発達障害の人にはしばしば化学薬品過敏症があります。化学薬品の一種である向精神薬に異常な反応を起こ

して、めちゃくちゃ悪くなることがある。そういうことで、発達障害の子どもたちに薬はできるだけ使いたくないの。

　ボクは漢方薬や気功、サプリメントなんかを使います。お勧めするのは春ウコン。春ウコンはどうも小脳の興奮をおさめるようです。飲み始めて1か月くらい経つと、「こだわりの迫力が減った」「気楽になった」と言う患者さんが多いです。その後、『Nature Made』という健康食品シリーズ（大塚製薬）のビタミンB6とマルチビタミンミネラルの併用が、患者さんの様子を見ていると、脳の発育を助けるように思うので勧めています。

　　　　　　　　　　（ スクールカウンセリングの現場より ）

　「発達障害は服薬で落ち着くと聞いたので、受診を勧めてほしい」と、教師から保護者面接を依頼された経験があるスクールカウンセラーは少なくないだろう。担任や管理職の切羽詰まった表情から、スクールカウンセラーもなんとか期待に応えたいと思う。

　発達障害の中でも多動傾向が強い子どもが受診すると、アトモキセチン塩酸塩（販売名ストラテラ）やメチルフェニデート塩酸塩（販売名コンサータ）、グアンファシン塩酸塩（販売名インチェニブ）などが処方されることが多い。

　だが神田橋先生が述べているような害があることを、スクールカ
ウンセラーはよく承知しておきたい。服薬によって、かえって興奮
しやすくなって、状態が悪化する子どももいる。食欲低下の副作用
によって、成長期に身長が伸びなかったと思われるケースに、わた
しも出会ったことがある。

　保護者の中には「服薬しても効果がない」と飲ませなかった薬を、
医師に黙ったまま、ため込んでいる場合もある。それでは医師も適
切な治療ができない。

　医療では、医師の指示通りに服薬しない患者が問題視されるが、
神田橋先生は「からだの状態に合った薬なら、患者さんは強制され
なくても服薬する」と言う。わたしも、服薬拒否で暴れていた統合
失調症の患者が、神田橋先生による処方の工夫で、進んで服薬する
ようになった様子を見ることがあった。

　服薬後の心身の状態をありのままに医師に伝えるのが患者側の役
目である。情報は双方向に流れてこそ、価値を発揮する。

双極性障害

　双極性障害は体質ですから、双極性障害かもと疑いを持ったら、次のふたつの質問をしてください。

　ひとつは「気分の波がある体質だと自分で思うことはないか？」ということ。

　それから「親族に、同じような気分の波がある人がいないか？」ということ。

　双極性障害は、９割方は体質ですから、必ずどちらかの親の兄弟とかに似たような人がいます。うつ病の診断を受けていたり、アルコール依存症だったり、自殺していたり、そういう人がいます。

　よくあるのは、最近も何例か経験していますが、ひどいアルコール依存症で「どうしようもない人だ」と思われていたのに、いつの間にかお酒をやめちゃった。「自分の意志でやめられた。感心だ」と周囲から褒められていたのに、１年ぐらいしたら、また、大量に飲んで、仕事もしなくなって、倒れたりする。

　そういうのは、気分障害なんです。そういう人は、ムード・レギュレイター（気分調整薬）の投与によって、ほとんどきれいに治ります。

　だからそういう人がいたら、双極性障害かもしれないと考えて、質問して、「気分の波があるらしい」という所見が得られた

ら、それを情報提供書に書いて、精神科医に送ってください。

　一般に双極性障害は、特に女性の場合は、中学で発症することが多いです。

　なぜかと言うと、双極性障害の人は、我慢して耐えている状況で、波が起きて、揺れ始めます。中学に入ると、女子生徒は髪形とか、着るものとか、靴下の長さとか、いろいろとルールが定まっていて、窮屈なんです。人間関係も窮屈になる。そうするとよくない。それで発病します。

　しかし、何も治療しないうちに自然に良くなる。波がある体質だからです。そしてしばらくすると、また症状が出てきたりする。

　双極性障害は、うつも軽いことがある。うつが重ければ、誰だってすぐに分かるけれども、うつが軽いと、出てくるのは、それに対する対処行動だけです。

　ある患者さんに「中学時代から、スランプになって、学校に行けなかったことがありませんか？」と聞いたら、「いえ、スランプは全然ありません」と、「だけど中学時代にゲーセンにはまって、２か月くらい学校へ行かなかった」って言うの。

　それは、躁で発病しているわけだ。たいていはうつで発症するんだけれども、その人は躁で発病した。「それでゲーセンはど

うなったの？」と聞いたら、「だんだんつまらなくなって、行か
なくなった」と。そういう、躁で始まる双極性障害もあります。

　双極性障害のほぼ50％は炭酸リチウム（販売名リーマスなど）が効
くので、勉強していない精神科医は炭酸リチウムしか出さない。
それでだいたい行けるからだけど、どんどん炭酸リチウムを増
やしてもうまいこといかないと、抗不安薬がどんどん増えてい
く。

　残りのうちの30％ぐらいが、バルプロ酸ナトリウム（販売名デパ
ケン、バレリンなど）が効くんです。バルプロ酸ナトリウムが効く人
は、重症神経症のような状態になることが多くて、ほとんどが
「境界性パーソナリティ障害」や「感情不安定型パーソナリティ
障害」というような診断をつけられて、むちゃくちゃになって、
自殺したりする人もいます。

　そして残りの20％の約半分、10％がカルバマゼピン（販売名テグ
レトール）、その残りの10％のうちの半分がクロナゼパム（販売名リ
ボトリール、ランドセン）です。そして最後の、つまり５％がラモト
リギン（販売名ラミクタール）です。この割合はあくまでもボクの個
人的結論です。同じ双極性障害でも薬が違うと全然効かないの。

　あなたが話しているケースの人は、おそらく双極性障害だか
ら、まず、ふたつの質問をしてみることが大事だよ。

　学校には「うつ病」をくり返す教師が少なくない。その人となりを発病前からよく知っている同僚に聞いてみると、「親切な人柄で、同僚との関係も良く、信頼できる教師。授業にも熱心。子どもたちにも人気があった」と高評価であることが多い。

　多くは双極性障害だが、精神科で「うつ病」と診断され、抗うつ薬で一時はとても良くなったように見えるが、本格的に業務に戻ると、また具合が悪くなる。くり返すうちに、本人も疲れ果て、周囲との信頼関係も崩れて、ますます状態が悪化する。

　人当たりが良いので、主治医とも親しくなり、主治医も熱心に治療するあまりに、薬の量も種類も増えて、いわゆる薬漬けになることも多い。そうなると、常に酔っ払ったような状態になる。

　そのようなケースに学校で何度も出会ってきたので、神田橋先生との共著『スクールカウンセリング モデル100例』（創元社）に「躁うつ体質」の章を設けて、日常生活での工夫を述べた。

　躁うつ体質の人は他者との交流が上手な、もともとは非常に優れた資質の持ち主である。その人が窮屈な環境に置かれたとき、双極性障害を発症する。

　接客業で成功した家系には、躁うつ体質の人が多い。教師、保育士、臨床医、看護師、受付業務などは天職と言ってよい。

　「うつ病」をくり返す教師に、「先生は教え方をいろいろと工夫し

　て、生徒が『あ、分かった』と言ったら、うれしくて、うれしくて、疲れが吹っ飛ぶでしょう？」と問いかけると、輝く笑顔になって、「そうなんです」と答えてくれることが多い。

　躁うつ体質者は日常生活の工夫で、一生を幸せに、安寧に、過ごすことが可能である。

　また不幸にして病的な状態に陥ったとしても、適切な薬物治療によって、薬なしの生活に戻ることができる。わたしはそのような患者に、神田橋先生の陪席で何人も出会った。

　近年、さらに新しい双極性障害の治療薬が開発されている。医療を受ける側として、精神科医療の充実と発展を切に願う。

　なお、いわゆる「問題行動」や妄想的な言動のある中高生にも躁うつ体質者は多いと感じる。彼らが将来、双極性障害で苦しむことのないように、スクールカウンセラーとして適切な助言、対応をしていきたい。

産後うつ

　中学生のころに発症しなかった双極性障害の多くは、出産によって発症します。産後うつの半分は双極性障害と思って間違いないです。

　そして、産後に始まった双極性障害で困ることは、非常に高率にカルバマゼピン（販売名テグレトール）しか効かない人がいることです。3割、4割ぐらいはそうです。

　カルバマゼピンが効く双極性障害というのは、しばしば幻覚、妄想を伴いますので、たいてい統合失調症と誤診されます。そうなるともう、むちゃくちゃな治療をされて、どうにもならない状態になっていきます。

　双極性障害と正しく診断されても、炭酸リチウム（販売名リーマス）が大量に処方されて、それでうまくいかなくて、めちゃくちゃになってしまう。

　このことを分かってくれる医療機関に行かないと、10年、20年はあっという間に過ぎます。カウンセリングだけでなんとかサポートし続けるのは無理です。

スクールカウンセリングの現場より

双極性障害の視点からスクールカウンセリングの場を振り返ると、母親が、産後うつをきっかけに、長期の精神的不調が続いているケースが多いことに気づく。家事も十分にできなくなって、子どもたちはネグレクト状態から不登校になる。その子どもたちにとっては給食が唯一の食事らしい食事なので、心身の健康のために、給食の時間だけでも登校を促したいが、同級生の目を気にするのか、なかなか登校できない。

家庭訪問をしてみると、家の中はひどく散らかっている。不登校の子どもが、父親の違う幼い弟妹の世話をしていることも多い。母親がリストカットをくり返して、子どもたちが日常のこととして、血まみれのティッシュを片付けていたりもする。

精神科を受診しているケースも多いが、長い間に多剤大量処方に陥っており、日に数十錠の服薬をして、いつも酔っ払ったようにフラフラしていることも多い。双極性障害では、お酒が抗うつ薬の代わりになるらしく、アルコール依存症になっている親もいる。「うつ病」の診断を受けている例が多いが、ときに日ごろとは打って変わって、勢いのある口調で激しいことばが飛び出すことなどもあるので、身近で世話をしている人には「ただのうつ病とは違う」と感じられたりもする。

　悲惨な状態だが、双極性障害になるタイプの人は人間関係を大事にして、愛らしいところがあるので、関わる人の側にも次第に情が湧いてくる。主治医も例外ではなく、熱心に治療するあまり、薬が増えていく。患者も、なかなか治らない状況を変だと思ってはいるが、セカンドオピニオンを勧めても、主治医を裏切る行為だと思うらしく、拒否する。薬だけでなく、医師に対しても依存が生じやすい。

　このようなケースは少なくない。そのような家庭の保護者が、スクールカウンセラーに相談に来ることはまず期待できない。スクールカウンセラーにできることは、まず何よりも、起きている事態について正しく理解して、周囲に伝えることだと思う。

　母親も苦しんでいる。幼い子どもたちの傷つきはさらに深い。固くもつれ合った糸を解くような仕事になるが、周囲からの対応と支援の工夫を引き出して、迷路に置き去りにされた子どもたちを救出するように、スクールカウンセラーは働きかけたい。なお周囲の理解を得ることが難しい場合も多いが、スクールカウンセラーがひとりで抱え込むのは危険である。

柴胡桂枝乾姜湯

　家族の病気やいろいろな困難で家の中がぐちゃぐちゃになって、その世話をして疲れている人には、ほとんど例外なく漢方の「柴胡桂枝乾姜湯」が効きますから、覚えておくといいですね。

　柴胡桂枝乾姜湯は更年期障害に使われる漢方なんです。こういう他人の世話で疲れている人たちは、更年期障害と同じように自律神経がぐちゃぐちゃになった状態になっているんです。

　ほとんどの場合、柴胡桂枝乾姜湯が合います。それだけで済むってことはないけど、ずいぶん楽になります。

　掌に汗が出ているときだけ服用すると便利です。漢方も常用し続けると副作用があります。

神田橋先生のコメントは、寝たきりの姑の世話で疲れ果てている不登校生徒の母親のケースに向けたものであった。

スクールカウンセラーは未治療の、もしくは治療がうまくいっていない精神病状態の親（多くはアルコール依存症、自傷行為の頻発、大量処方による酩酊状態などの問題を抱えている）のもとで、家事や幼い弟妹の世話を背負わされて、登校もままならない子どもたちに出会うことがある。

厚生労働省と文部科学省の協力により、2020年よりヤングケアラーの実態調査が始まった。調査では、ヤングケアラーは「年齢や成長の度合いに見合わない重い責任や負担を負って、本来、大人が担うような家族の介護（障がい・病気・精神疾患のある保護者や祖父母への介護など）や世話（年下のきょうだいの世話など）をすることで、自らの育ちや教育に影響を及ぼしている18歳未満の子ども」と定義されている。

彼らは親の気分しだいで理不尽に叱責され、登校できない環境にあるにもかかわらず、不登校も、その結果の学力不振も「自分が悪い」と思い込んでいる。親も決して幸せではないのだが、親が負うべき責任を一方的に背負わされている。

そんな彼らの状況の改善を図ろうとしても、彼ら自身の拒否にあって、うまくいかないことが多い。

　そのようなとき、「柴胡桂枝乾姜湯」を思い浮かべつつ、「あなたの、今の心身の状態に効く薬がある」と話題にすると、頑なに見えた表情がふっと緩むことがある。

　経済的困難があったり、ネグレクトの状態にあったりして、服薬に至る可能性は、現実的にはほとんどない。だが「薬」の話題は、彼らが事態を客観視し、自分が置かれている状況が「不当」だと気づいて、「助けを求めてよいのだ」と考えるきっかけにはなり得る。

　ヤングケアラーの問題に限らず、いじめや虐待などの多くの問題において、被害に遭っている彼らが「自分が悪い」のではなく、「この状況が不当なのだ」と気づくことは、解決へ向かう大切な第一歩となる。「自分が悪い」の呪縛は、視野を狭め、人を無力にする。カウンセリングはまず、この呪縛の解放から始まる。

　だが呪縛はこころの内側にあるので、そこに直接に働きかけても、こころの抵抗に遭って、事態はなかなか進まない。そのようなとき、「薬」のような外的な事象の提示によって、思わぬ気づきが生じることがある。

統合失調症の疑い

　この子は、統合失調症を疑われてたの？　でもこの子は葛藤を話していますよね。葛藤を話す人は統合失調症ではないんです。

　この子は、「ああも思うけど、こうも思う」と、ばらばらな気持ちを、そのままに話している。ばらばらだけど、「ばらばら」という形で、まとめて話しているわけだから、これを「統合」と言わずして何を統合と言うか、でしょう。

　ひとつの気持ちだけを話す人は、他の気持ちは解離して、ひとつだけを話している。でもこの子は、さっき言ってたことと全然反対のことを言ったりしたりするので一見、統合されていないように見えて、「統合失調症だ」と思われたりする。

　だけど、ばらばらだと思って見たら統合失調症のようだけれども、本人の体験から言ったら、いろいろな考えがあってまとまらないから、こっちを話したり、あっちを話したりすることになる。まとまればいいと思うけれども、「ああも思うし、こうも思う」となる。でも実行するときにはひとつの行動だから、統合されているわけですね。

　そういう葛藤を正確にしゃべる人は、まず、統合失調症の脳ではないと思ってください。

> ## スクールカウンセリングの現場より

近年は統合失調症という疾患の存在に懐疑的な論もあるが、統合失調症は思春期に発症することが多いとされているので、スクールカウンセラーは「統合失調症を見逃さないように」と指導されることが多い。そこでスクールカウンセラーも、クライエントの話についていけない印象を持つと、「了解不能」と感じて、「統合失調症ではないか？」と不安になる。

葛藤を多く語るとき、人は周囲の反応に敏感であることが多い。スクールカウンセラーの不安も敏感にキャッチして、クライエントはさらに不安になり、病的に見える反応がさらに増えてしまうことがある。神田橋先生の助言を頭に留めておくと、鑑別と対応の参考になる。

なお統合失調症と発達障害の鑑別については「助言73　統合失調症との鑑別」でも述べられている。

逸れた統合失調症

　発達障害とよく似たものに、昔、「逸れた統合失調症」と言っていた病像があります。あまり多くはないけれど、あります。

　統合失調症は普通、幻覚と妄想で診断をするじゃない？　幻覚と妄想が出ないで、統合失調症の基本症状である思考障害と自閉とコミュニケーションの障害だけが出ている病像を「逸れた統合失調症」と言うの。そういう患者さんを追い詰めてしまうと、ばっと幻覚妄想状態に入ります。現実と交わるところを少なくして、何とか、しのいでいる人たちだから、追い詰めないほうがいい。

　発達障害とわれわれが呼んでいる人たちには、ある限定された苦手なところがあるんです。そこさえ避ければ、なかなかの優れ者です。芸術的な才能であったり、運動系であったり、何か優れたところがあることが多いんですね。突出して、優れたところがあるから発達障害だと分かる。

　「逸れた統合失調症」の人は、かろうじて思考を構築しているけれど、「ああ、こんな優れたところがあるんだ」と思うところがない。いろんなものを持ってきて、どうにか形をつくっているように見えるけれども、何も出来上がっていない。

　だから、統合失調症を発症すらしていない。発症すると、それなりに崩れたところと残ったところとがあるから、輪郭が出

来上がる。

「逸れた統合失調症」だとすると、その人には「故郷はどこですか?」と訊いて、「故郷に帰って、単純な仕事をしながら、コミュニケーション能力を育てていくのが、あなたに向いているんじゃないかと思うけれど、どうですか?」と言ってあげる。

人の素質的な能力は、幼いころに出ていることが多いから、幼いころに得意だったことの延長上に仕事を探していくと、成功率が高い。本人の能力と、目指している仕事との相性が悪くては可哀そうだ。

「逸れた統合失調症」と、やや知能の低い発達障害との見分け方は、知的な世界の話をするときに、知的な障害がある人はちょっと得意げだったりします。精一杯、背伸びをしている得意げな感じがあるんです。全力投球をしている姿に、生きがいのようなものが感じられる。フルスイングをしているようなもので、それができているときには、皮膚も表情も生き生きとなります。

ボクが家庭裁判所で面接した人に、知的障害の青年がいた。バイクの配線を直結して盗む方法を誰かに習って、どんどん上手になって、悪い仲間から重宝がられて、どんどん盗んでいるうちに捕まった。

その人に「どうやって盗むの? 技術を説明してよ」と言ったら、ものすごく幸せそうに話してくれた。知的障害を持つ人が精一杯、知的な活動をしているときには、体操選手が難しい技を発揮したときのような、命の輝きみたいなものがあります。

　「逸れた統合失調症」の人には、そういう感じがない。「逸れた統合失調症」の人の知的な話は痛々しくて、追い詰められて、切羽詰まって、持っている知識を精一杯くっつけて、そこに閉じこもって、何とかしのいでいる感じがあります。だから、話のほとんどが絵空事です。それを壊さないようにしてやらないと可哀想です。

　それから発達障害の人だと、対応する人から嫌われることがある。発達障害者は、気ごころが通じるから、嫌悪感が生じるの。だけど「逸れた統合失調症」の人は、気ごころが通じないから、嫌悪感が生じない。何か不思議な感じがするだけ。生命体と接触したという感じが薄いの。

スクールカウンセリングの現場より

　スクールカウンセラーとして多くの子どもたちと接していると、発達障害とも言い切れない、捉えどころのない子どもに出会うことがある。

　担任にカウンセリングの場に連れてこられて、緊張している様子はあるが、こちらが質問すれば、答えてくれるし、将来の夢も、訊けば話してくれる。だがスクールカウンセラーの内側に手ごたえが生じない。

　ときには内面のもろさが透けて見えるような気がして、スクールカウンセラーの側も今一歩、踏み込み切れない。

　多くは不登校のケースで、担任が熱心に働きかけると登校するが、

長続きはしない。両親も心配している様子があり、これといった環境の問題も見当たらないのだが、次の段階へと進まない。

　スクールカウンセラーは次第に焦り始め、なんとかしようと、つい追い詰めるようなことを言ってしまう。結果、スクールカウンセラーとの関係も切れてしまい、自室にこもって、家族とも顔を合わせなくなったりするが、慣れたコンビニにマンガ本を買いに行くことはできたりして、「引きこもり」とも言い切れない状態になってしまう。

　そういった子どもたちの中に、神田橋先生が言う「逸れた統合失調症」の子どもがいたのかもしれない。

　神田橋先生によれば、薬も「少しは効くかもしれない」程度で、「逸れた統合失調症」を診ることに慣れている医師もそれほど多くはないらしい。だとしたら、受診を勧めても、さほどの効果は得られないかもしれない。

　スクールカウンセラーに求められるのは、まず正確な見立てであり、その見立てを常に再検討する柔軟性である。その上で、不登校解消という「目に見える成果」を求める周囲からの圧力と、スクールカウンセラー自身の内側に生じる無力感とに耐えつつ、彼らのゆっくりとした歩みを穏やかに見守り続ける、その覚悟かもしれない。

正常なうつ

　今は、正常にうつになったり、正常に落胆したりすると、薬を飲まされるというめちゃくちゃな世の中になっている。だったらもう、万人に効く抗うつ薬を水道水の中に入れて、誰もうつ病になれないようにすればいい。

　でも、みんな常に明るく、にこにこして暮らすような社会が理想じゃないんだ。やっぱり泣いたり、笑ったり、悲しんだり、がっくりしたり、死にたくなったりして、いろいろなことがあって、慰め合ったりする社会じゃないと。そうじゃなかったら、もうアンドロイドの世界だ。

【 スクールカウンセリングの現場より 】

　うつ病になると、脳だけでなくからだの生理機能全体が低下する。だから通常なら耐えられることが耐えられなくてイライラしたり、考えが進まなかったりするだけでなく、食欲がなくなり、唾液も、涙も、さまざまなホルモンも分泌が低下する。表情も語彙も乏しくなる。

　スクールカウンセリングの場に「うつ」を訴えてやって来る子どもは多い。医療が必要な「うつ病」なのか、慰めや社会的対応が必要な「憂うつ」なのかを鑑別するときに、生理的指標が役立つ。

　例えば、涙をぽろぽろと流しながら、「うつ病」を訴える子どもが
いたら、必要なのは薬ではなく、慰めや、苦境の理解や、環境調整
であることが多い。スクールカウンセラーとして、見極める力が必
要である。

第9章

いのちと死

目的と手段

　目的と手段が近接しているほど健康にいいよね。目的と手段が同じであれば、いちばん健康にいい。それは「したいことをしている」ということ。

　ボクはその洞察を得て15年くらいになるから、生活が楽だよ。話しているときは、話したいことを話しています。誰かから聞いた話じゃなくて、そのとき自分が考えて、話したいことを話している。非常に健康にいい。そういうことです。

　最近、考えたのはね、「三昧」とはそういうことなんだ、と。何かの目的のためにやっていた手段が、いつの間にか目的化して、手段が目的に一致した段階を三昧って言うんだよね。「仕事がいちばん楽しい」とかいうのは三昧だよなぁ。

　ボクは精神科医療が三昧みたいになっていて、今は週に３日、診療をやっているけど、２日に減らしたら、すごく生きている実感が乏しいものになるだろうなと思う。いちばん楽しいよ、患者さんのそばにいて、あれこれと治療の工夫をいっしょにしているときがね。「診療がボクの三昧だなぁ」といつも思いながら、患者さんと会ってるの。（80歳を過ぎて、週２日に減らしました。分相応と諦めの心境です。）

　考えてみると、三昧という状態は、狂気に非常に近いわけね。狂気というのは、三昧かもしれない。「何々三昧」という方法を

持てなかった人が、必死になって代わりにつくった状態が狂気かもしれない。つらいことだけどね。

╭────────────────────────────╮
│ スクールカウンセリングの現場より │
╰────────────────────────────╯

　ある若い教員が下着どろぼうで捕まった。初犯であり、明らかに見つかることを期待しているような犯行だった。

　同僚教師によれば、子どもたちと校庭で遊んでいるときはとても楽しそうにしていたらしい。知的能力が高く、授業も上手にこなしていた。だが仲の良い教師にしばしば「教師を辞めたい」とこぼしていた。

　逮捕されたと知って、弁護士を伴って、警察に駆けつけた母親は、成人した息子にまるで幼稚園児に対するように接した。「頑張るのよ」と声をかけながら背をさすり、曲がったネクタイに手を添えて、直してやっていた。教師になったのは、母親の強い希望ということだった。

　親の世代には、過去の時代の価値観が染みついている。今の時代を生きる子どもたちには、未来のいのちのありようが求められる。彼らはどうやって「したいこと」を見つけ、三昧の人生を生きるのだろうか。

　もしかしたら現在、依存症が問題視されているオンラインゲームなどの中に、未来の彼らのいのちは居場所を見出すのかもしれない。

　今の世代が、その道筋を理解し、納得することはできないかもしれない。だが未来のいのちが伸びていく方向を見守り、案じつつも、それを矯めようとして、彼らの可能性を狭めることもまた控えるべきだと思う。

（事例は、個人が特定されることのないように、本質を損なわないと考えられる範囲で改変を加えています。）

48歳の抵抗

　性的逸脱行動で逮捕されるような人は、どうしてなのか、自身の犯行の業績目録をつくりたがる。そこに、その人たちの「確かさ」の欠如した人生、への対処があるんだろうね。記念碑みたいなのをつくりたいわけだ。

　自分でやって記憶しとけば、それで済みそうなものだけど、自分の記憶だけじゃ足りずに、外在化して、何かの形にして、折々に確かめたい。「こうだったよな、ああだったよな」と思えるものが必要だという、自分の内界だけでは充足し得ない空虚さがあるんだよね。その空虚さが、性的な逸脱行為と関係しているわけです。

　石川達三の『48歳の抵抗』という小説がありました。浮気の話でしたが、50歳の前、48歳というのはね、「このまま老齢になって終わりを迎えるのか、自分の人生はそれでいいのか」という内なる問いが生じる年ごろなんです。

　だから、周り近所に迷惑をかけて、したい放題して、わがまま勝手な自己中心の人には「48歳の抵抗」は起こらないんです。社会の価値観の中に自身を全部預けて、その中で整った生き方をしてきた人に、「このまま死んでしまって、お前はそれでいいのか。生まれてきた甲斐があるのか」という内側のささやきが起きてきて、それで変なことをするんです。

近ごろ、多いですね。きちっとしている人が、突然、おかしなことをする。50歳というのが何か意味があるみたいですね。50歳近くの人を見たら、「この人は、自分の人生はこのままで老いていっていい、と思ってる顔かな」と思って観ると練習になります。

スクールカウンセリングの現場より

神田橋先生は人生を川の流れにたとえる（『精神科養生のコツ』岩崎学術出版社）。過去の思い出の数々が、川の流れのように切れ目なくつながっていることが大切だと言う。「人生の流れがこのまま続いて、老いていっていい」と納得している人は「48歳の抵抗」を必要としないだろう。

自然界では、川に洪水が起きると、流れが直進して、三日月湖が取り残されることがある。この地理上の出来事と同じ状況が、人生の流れのどこかで生じた経験がある人は少なくないだろう。ゆるやかに蛇行することが許されず、目的に向かって直進するように求められることは、生きていく現実の中ではしばしば起きる。

人生の三日月湖も思い出のひとつとして流れの中に受け入れ、納得できているか、それとも取り残された可能性として、そこに未練

と恨みの雰囲気があるか。

　未練と恨みとが明確に意識化されないまま、そこはかとなく漂っているときに突然、おかしなことが起きるように思う。犯行の業績目録をつくりたがるのは、三日月湖となっていた過去を、自身の人生の地図に明記して、流れの一部に組み入れようとする試みなのかもしれない。

　教員にとって、50歳前後は管理職への登用の時期でもある。教師としての役割を果たしつつ、心中にはさまざまな感情や思惑が渦巻いているだろう。スクールカウンセラーはもちろん、そこに踏み込むべきではない。だが教師も人の子、スクールカウンセラーも人の子、と俯瞰して観る姿勢があってもよいと思う。

確かな愛

　父と子の場合と違って、母と子の場合は、母親の家出や自殺なんかがあったときに、子どもにとっては「自分と母親との間の絆が、すごく薄いものだった」と思うことがいちばん大きな傷になるの。

　「お母さんを失った」と思うのではなくて、「ああ、こんなにも母親と自分との絆は薄いものだったのか」と、「自分は母親の抑止力たり得なかった」と思うの。

　「お母さんは『子どもはもうどうでもいいわ。とにかく苦しいから死のう』と思ったんだろう」と、それは非常に大きな外傷体験となります。

　その外傷体験をずっと引きずった典型的な人が檀一雄だと思うの。檀一雄は確か９歳のころに、お母さんが愛人と一緒に家出したんだよね。

　それ以来、彼はずっと女の人の確かな愛を求めて、その経緯を『火宅の人』という小説に書いています。確かそうな愛を求めて、愛人と一緒になるけれども、絆に対しての安心感とか信頼感とかが傷つくような言動があると、また離れて、なかったことにしてしまう。

　あの傷はなかなか治らないですね。

> スクールカウンセリングの現場より

　地域や学校によって差はあるだろうが、わたしが勤務した学校では、クラスに数名のひとり親家庭の子どもがいた。スクールカウンセラーが少し関わったくらいでは、彼らのこころの奥までは読み取れない。

　確かなことは、彼らの親を支える社会の絆もまた希薄になっているということだ。

　プチ家出、プチ不倫と、絆の崩壊が軽いことばで語られるようになった。軽く受け流す時代の傾向が、子どもたちのこころを必要以上に傷つけずにすむメリットもあるだろう。

　だが悲しみを悲しみと認識しないままにやり過ごしたツケが、将来、大きな利息をつけて、おとなになった彼らに迫ることもあるのではないかと危惧する。

　哀しみを嘆くには、嘆く自身を支える確かな基盤が必要となる。平気に見える彼らを支えるものはあるのだろうか。悲しみに踏み込むのではなく、必要なときにそっと手を差し伸べられる知恵と力を持ちたいと思う。

自殺される

　患者さんが自殺すると、われわれは「自殺された」と言う。「された」と言うのは、被害的だけど、死んだ人が、こちらに攻撃的な気分を持って自殺するとは考えにくいから、自殺されたら、こっちが勝手に被害的になるんだ。

　それはなぜだろうと考えてみると、関係があるからなんだ。関係があるから、向こうから手を切られた、絆を切られたと、捨てられた体験になるんです。「いらない」とか、「あなたは役に立たなかった」とか言われた気がする。

　それで、「クライエントの自死に直面したときのスクールカウンセラーのこころの持ちようは、どうあるべきか」という質問だけど、「こうあるべき」というのは、ないと思うね。

　ないと思うけれども、ありふれたことばで言えば、「この死を無駄にしない」ということです。

　普通、「無駄にしない」ということばは、組織の問題として言われるけれども、そうではなくて、何らかの縁があった人が自分の意志決定のもとで絆を切ったということ、こちらは切られたということを「無駄にしない」とは、スクールカウンセラー自身の、広い意味での技量の向上に資するものにするということだろうと、ボクは思います。

╭─────────────────────────╮
　スクールカウンセリングの現場より
╰──────────────┬──────────╯
　　　　　　　　　　╲╱

　精神科病棟で首つりを図る患者は少なくない。たいていは看護師や近くの患者が気づいて、未遂ですむ。神田橋先生によれば、自殺企図した患者は「苦しくなって、止めようと思ったが、そのときにはからだが動かなかった」と言うらしい。

　首つりだけでなく、練炭を使った自殺企図でも、意識があるうちにからだが動かなくなる。

　知人の精神科医によれば、農薬自殺を図った患者がいったんは意識が回復して、「こんなに苦しい目に遭うとは思わなかった。二度としない。生きたい」と言うが、農薬自殺ではその後、徐々に弱って死に至るケースが多いとのことだった。

　学校で自死事案の緊急支援に携わると、「こころの奥底では、死ぬ前に見つけてほしかったのではないか」「助けてほしかったのではないか」と思える事案に出会うことがある。

　ほんとうは生きたかったのに、「死ぬほどつらい」とことばで言っても聞いてもらえないから、行動で伝えたかっただけなのに、ほんとうに死んでしまう。本人にとっては「事故」と言える状況だったのではないかと思うとつらい。

　首つりの致死率は非常に高いと聞く。スクールカウンセラーは、一般にはあまり知られていないこの事実を、子どもたちの安全を見極めながら伝えていく努力をしなくてはならない。その際に、元気

に見える子どもたちの中にも、家族や、身近な人の自死を体験して
いる子どもがいる可能性があることもこころに留めておきたい。

　わたしには身内の自死を経験した知人が何人かいる。彼らは「自
死予防」「自死対策」ということばにこころがざわつくと言う。自死
した身内は、そのときの状況の中で悩み尽くした果てに、本人なり
の正しい判断として自死を選んだのだと納得しているものを、「予
防」「対策」ということばによって、身内のその人の人生までも否定
されたように感じられるらしい。

　わたしもどう考えたらよいのかと整理がつかなくて、神田橋先生
に相談した。先生からは「日本には自決ということばがあります」
と一言だけの返事があった。死を美化するつもりはないが、帰らぬ
人の決断として、自死を受けとめる遺族の支えになることばだと思
う。

　スクールカウンセラーも自死遺族にお会いすることがある。この
ことばをこころに留めておくと、スクールカウンセラー自身が支え
られる。

95

いのち

　いつも言うように、ケアテイカーにとって、出産・育児にまさるトレーニングはないからねぇ。その点では男性は不利だ。いのちが伸びていく現象に直接に関わるセンスは、男性にはなかなか乏しいからね。

　そのトレーニングの成果は、ほとんど言語に馴染まないものだ。が、それに言語が支えられて、あるようになると、ことばに厚みが出る。味わいのあることばが使えるようになるよ。

（ スクールカウンセリングの現場より ）

　ペニスエンヴィが語られるのに、子宮エンヴィはあまり語られない。今はDNA鑑定である程度、わが子の確信を持てるが、昔の男性の中には、「わが」子への疑念を飲み込みつつ生きていた人も少なくないだろう。

　神田橋先生からペニスエンヴィは「能力を失う不安」と教えられて、わたしはようやくペニスエンヴィを納得することができた。学問の世界では能力が問われる。その学問の世界で、子宮エンヴィが論として語られることが少ない理由もなんとなく理解できた。

　妊娠して、体内にもうひとつのいのちが宿る体験は、宇宙を丸ごと胎内に抱え込んだような感覚だった。いのちの実在を確信する体

験だった。

　わたしにはわが子を強く望みつつ、叶えられなかった臨床家の知人が数人いる。わが子をその手に抱くことはできなかったが、彼女たちのこころの中には確かに「わが子」がいると感じる。此岸にやって来なかった子が、いつか彼岸で、天寿を全うした母と会う日を待っているだろうと想像する。

　わたしにそう感じさせる確かさが、彼女たちの臨床を支えている。

　そしてわたしの知る限りにおいてだが、彼岸で待っているわが子の存在を感じさせる男性臨床家にはほとんど会ったことがないように思う。月経を経験する女性と比べて、男性は妊娠・出産のプロセスへの生理的関与が少ないからだろうか。

　近年、子育てに積極的に関与する父親が増えた。彼らを見ていると、此岸を身につけた能力で生き抜いていくしかない彼らのいのちが、子どものいのちとの溶け合いを求めている姿のように思える。

予め失われた人生

　そのときに自分で良いこととは思わなかったけれど、誰かが言ったから選んだ。その後悔は、たちの悪い後悔になるんだ。自分はああしたかったのに、したいほうを選ばないで、人から言われたほうを選んでやってきた場合は、自分を振り返ったときに良くない後悔になる。

　そういう例は、いっぱいあるでしょう。自分のしたいほうをやめて、人に言われたほうを選んできた場合に何が起こるかと言うと、「予め失われた人生」ということばが出てくる。予め捨ててしまった人生というのが、捨ててしまったから、そっちに行っていたらどうなったか、全然イメージが湧かない。ずーっと引きずります。

　それを引きずって、うつ病になっている人はいっぱいいます。

　あるいは逆に病因論として、治療に活かすことができる。うつ病の治らない人がいたときには、そういう「予め失われた人生」がどこかにないかをずーっと点検して、あったら、せめてその１ミリでも１グラムでも成就するようなことをする。ちょっとでいいから、予め捨てたものを取り戻すようなことを考える。

　病気の治療の精神療法じゃなくて、ボクに言わせたら人間学的精神療法だ。「魂の精神療法」と言ってもいいかもしれない。

人生の中に、「失われた人生」という思いがあるのは魂のレベルで良くない。みなさん自身もあったら、とり返すことを何か少しでもやってみたらいい。ものすごく小さいことでいいんです。

　　　　　　　　(スクールカウンセリングの現場より)

　多くの子どもたちにとって、中学３年生の進路決定は人生の方向を考える最初の機会だろう。

　経済的に自立のときまではまだ遠いこともあって、親の意向が、親が思うよりも強く影響することが多い。だが親にとっても、10年後、20年後の社会を的確に予測することは難しい。この数十年を振り返るだけでも、新しい職業が登場し、社会に大きな役割を果たすようになっている。

　今の価値観で将来の選択をするのではなく、その子がやりたいことを見極めて、その「やりたいこと」によって、生活を成り立たせるにはどうすればよいのか、と考えるのが、子どもたちの幸せな人生に通じる選択なのかもしれない。

ストレスと休息

　反復練習とはどういうことか。例えば知能テストを毎日やらせると、だんだん上手になる。知能が上がるわけじゃないのにね。それが反復練習ということです。

　反復練習をすると、生命体にストレスを与えるので、生理機構的に多少ダメージを受ける。それに対して生命体が持つ適応力、狭い意味で言う自然治癒力だけれども、それが発動して、生命体が「こういう環境なんだ」と認知して、それに合うように変わるわけです。

　変わる時間はいつかと言うと、休息している間に変わるわけ。そして、またストレスが加わると「まだ、足りないらしい」と、また休憩の時間に変わるわけね。

　だから、すべての生命体は、ストレスと休息、ストレスと休息のくり返しによって伸びていくわけです。ストレスが少なければ、のんびりしてもう伸びないし、十分な休息がないと、次に備えるだけの復元がなされないからダメなの。

　それをよく調べてやっているのが、オリンピックの強化選手だ。週に1回とか、まったくトレーニングをしない日をつくると、次は記録が伸びているんだよね。休んだら疲労が回復して、からだがそれに順応していく。

　その個体の資質が持っている成長可能性の限界まで、引っ張

り出すのが強化合宿なんです。それが、ある限界を超えてしまうと選手生命がなくなってしまう。

どのような反復がいいのかというのは、加えたストレスと復活するための所要時間が、個体によって違うだろうと思うの。そこを見抜くコーチの能力が必要だ。だから画一的にやったんではダメなんだと思います。

$$\text{スクールカウンセリングの現場より}$$

文部科学省初等中等教育局児童生徒課による「令和元年度児童生徒の問題行動・不登校等生徒指導上の諸課題に関する調査結果について」に、平成３年度からの不登校児童生徒の実人数と、1000人当たりの人数の推移が載っている。

それによれば平成３年度から増加を続けた不登校児童生徒数は平成13年あたりから高止まりで微増微減をくり返していたが、平成24年度以降、一気に増加に転じている。ちなみに平成23年度には小学校で、平成24年度には中学校で改定学習指導要領が施行され、いわゆる「ゆとり教育」が終わりを迎えた。

不登校の誘因はさまざまであり、ひとつに原因を求めることはできない。

　だが、学校で子どもたちの様子を見ていると、彼らの毎日がかなりのハードスケジュールであることに驚く。

　小学生では連日のお稽古事に加えて、土・日はスポーツクラブという子どもは珍しくない。中学生では部活の朝練＋夕練からいったん帰宅して、軽い夕食をとって塾へ行く。塾から帰って、22時過ぎに夕食をとり、その後、塾と学校の宿題を終えて、午前1時過ぎに就寝という生徒もいる。睡眠時間は5〜6時間である。

　そういう生活をしていた生徒のひとりが、友人の件で相談に来ることがあった。あまりのハードスケジュールにわたしが驚くと、「僕には将来の夢がありますから」と答えた。その後、彼は難関の第一志望校に進学していった。そして一流大学を卒業後、希望の職に就き、エリートとなったが、数年後、彼はわたしの知人が経営する精神科クリニックにうつ状態で現れた。「どうやって休んだらいいのか分からなくなった」と訴えたと聞く。

　「ストレスと休息の反復」は、いのちを育む大切なキーワードだと思う。

（事例は、個人が特定されることのないように、本質を損なわないと考えられる範囲で改変を加えています。）

わが・まま

　「あいつはわがままだ」「なまけている」と言って厳しく接したり、切り捨てようとしたりする人がいるでしょ、多いよね。「わがままだ」と言われている人と、厳しく切り捨てようとしている人と、どっちのわがまま度が高いんだろうと考えてみるといいよ。

　「わが」と「まま」との間に点をおいてね、厳しく切り捨てる人は「わが・まま」に好き放題、厳しくしているわけだから健康にいいよね。「わが」と「まま」の間に点が打たれている人は顔つきがいいよ。のびのびしている。はた迷惑な困った人だけどね。

　「わが・まま」ではなくて、何かの教条にのっとって厳しくしていれば、顔つきが悪くなる。何かに支配されて、束縛されて、その束縛された文化を伝授しようという役割の中間段階にいる人は顔つきが悪いよ。そういう人の顔を見たら、「大変だな」と思って、「あんな顔つきにならないようにしよう」と思ったらよろしい。

　だから、「わがまま」と厳しくされている子どもには、「あなたは、それをしたいからしているの？」と、で、「その『したい』はいつ、あなたの中に生じたの？」と問うことは大事だと思うの。そして、「あなたの表現型は、自分の『したい』という

欲求をうまく表出できているかな？」と訊くといいです。

（　スクールカウンセリングの現場より　）

　スクールカウンセラーとして子どもたちの話を聴いているときに、「したいことは何？」と問うと、「何もない」と答える子どもは少なくない。あるいは遠慮がちに「ゲーム」と答える子もいる。

　「わがまま」は周囲が指摘してくれるので、それがどういうことであるのかは把握しやすい。だが「わが・まま」は、周囲の期待に合わせて生きてきた人間には分かりにくい。

　神田橋先生は、うつ病の患者に、文化に汚染される前の幼児のころに好きだったことを問うて、それに似たことをするように勧める。じっとしていない子どもだった人には運動が、母親の子守歌で寝付いていた人には音楽鑑賞が回復の役に立つ。

　あるいは、神田橋先生の魔法の呪文「これは私だ」と唱える方法が手がかりになるかもしれない（『「心身養生のコツ」補講50』岩崎学術出版社）。

　いずれにしても、自身のいのちがうれしい状態を感じ取ることができれば、「わが・まま」に近づけるかもしれない。

触る

　ある学会誌の表紙にね、介護する人が、患者の手を両手で挟んでいる写真があるんだ。あれは間違いなんです。患者の手が、介護する人の手を挟んでいるのでないといけないの。

　手を挟むよりもっといいのは、死んでいく人、あるいは認知症の人に、家族みんなの顔を触らせてあげるんです。ほとんど息をしなくなった人や、家族の顔も分からなくなった人でも、「お母さんよ」とか「〇〇ちゃんよ」とか言って、手をとって、顔を触らせてあげるの。

　ボクの『精神科診断面接のコツ』(岩崎学術出版社) にも書いているけれども、人間の脳の大脳皮質運動野の広がりの図 (Rasmussen & Penfield,1974) に示されるように、精神活動の筋肉を介しての表出の3分の1は顔なんだよね。そして3分の1は手で、残りの3分の1が手を除いた首から下のすべてなのね。

　だから人間は、手が受信器としても、発信器としてもものすごく大きいわけ。そして顔も大きい。だからいちばん大きいところふたつ（手と顔）を触れ合わせて、話しかけてあげるんです。

　そうすると何がいいかと言うと、死んでいく人の顔つきが良くなる。何か、孤独の感じが消える。

　それともうひとつ、死んでいく人は何かを残したいわけよね。

だからこういうふうに触るということは、触られるよりも何か
メッセージが残せるような感じがする。触ることで、メッセー
ジを伝えている気分が出るような気がするの。

　実際にやってみるとね、「納得」とか「安らぎ」とかいうよう
な顔つきで亡くなられるんです。

　これは、脳の中で顔を占める位置と手の占める位置が３分の
１ずつある、ということから発想しました。

> ### スクールカウンセリングの現場より

　平成25年に「いじめ防止対策推進法」が施行されたが、その後も
いじめ自死は続いている。

　スクールカウンセラーとして、「死にたい」と相談を受けることも
多い。こころの準備をしていないと、つい「そんなことを言わない
で」と答えてしまいがちだが、神田橋先生は「それでは『言わない
で、黙って死になさい』と言っているのと同じだ」と戒めている。

　わたしは来談者から「死にたい」と言われたとき、引き止める自
分のこころの中に「カウンセラーを職業とする者として困る」とい
う意識があるように感じていたが、それだけでもないことにも気づ
いた。それは「この世で、縁あって出会うことができた人に、いな

くならないでほしい」という素朴な願いだと思う。

　そのことに気づいてから、わたしの願いとして、「あなたに死なないでほしい」と本心から言えるようになった。

　死はいのちの延長上にあるものだろう。遺された人々への最後のメッセージを、遺書という形で唐突に残してほしくない。

　神田橋先生の助言の内容を、子どもたちと話し合うことができれば、寿命いっぱいに生きて、大事な人たちに、無言だが豊かなメッセージを手渡す、最期のときのイメージができるのではないかと思う。

　そのとき、「自らいのちを絶たないで」ということばは、力を持って伝わるのではないだろうか。

絆の再生

　ひとりの人の「死ぬ」というエピソードを契機にして、いろんな関係者がそれをともにしていくことで、みんなが癒しを得る。それは宗教よりも、ずっと自然なことだと思うのね。

　癌学会で、ある先生が話したのは、「死んでいく人には、家族の絆を再生させる力がある」ということ。医療者が、その再生させる力を阻害しないように、そういう力が発揮できるようにするということ。夫婦の絆の再生、家族の絆の再生ということを考えて、発表されていました。

　それと、医療者の絆の再生も起こるでしょうね。医者と、看護師、介助者、それから家族、その患者に関わった人、みんなの絆の再生をその死んでいく人から得られる。

> スクールカウンセリングの現場より

　身近な人の死を体験したことがない小中高校生は多い。子どもたちに死を語る機会も少なく、死について語ることができるおとなも少ない。わたしも自信がない。

　死を忌むものとするだけでなく、死の豊かな側面に思いを向けることで、子どもたちと死をめぐるさまざまなことを共有できればと思う。

あとがき

　ボクはスクールカウンセリングの実務に携わっていない。医療現場の体験からの助言は隔靴掻痒の感がある。本書はかしまさんの添えがきによって、現場に生きる助言集となった。小冊子ではあるが中身は濃い。

　ひとつの読み方を提案する。マーカーを手にして流し読みをしながら、こころに響いた文言をマークしておく。あとは手近なところに置いて、昼休みなどに「目次」を拾って読み、マークを加える。それを続けると、マークのまったく付かない項目が残される。それは、あなたに馴染まない助言である。

　馴染む助言だけを取り入れると「自分の資質を育んで行く世界」が出来てゆく。自分の資質を育成し愛する姿勢は、接する子どもたちそれぞれの、「個性を育成する」センスを身につける近道である。

　実の親はしばしば、資質が同じであるから、必ずしもそのセンスを必要としないが、生育しつつある生命への援助者となるあなたには、「資質が異なる」へのこころ配りが有益であると思う。自分に相性の良い助言だけを選択することは「まず自分から」である。あなたが選ばなかった「助言」に馴染む「異質」の同業者を理解できるという余得もある。

神田橋條治

あとがき

　本書は『スクールカウンセリング　モデル100例』（創元社）の姉
妹篇である。

　2003年に『モデル100例』に着手するとき、神田橋先生から「ベス
トセラーよりもロングセラーになるように」と言っていただいた。
『モデル100例』は2006年に刊行となり、それから15年が経過したが、
未だ絶版にならずにいる。神田橋先生のお力である。

　『モデル100例』では、わたしの事例に、先生がコメントを書いて
くださった。この『助言100』では、先生のことばに、わたしがスク
ールカウンセリングの現場からの連想を書いた。

　15年の時を超えた対話のようで、なんだかうれしい。

　2021年8月

　　　　　　　　　　　　　　　　　　　　　　かしまえりこ

■執筆者紹介 ……………………………………………………………

神田橋　條治 (かんだばし じょうじ)
1937年鹿児島県生まれ。1961年に九州大学医学部を卒業後、1984年まで同大学医学部精神神経科、精神分析療法専攻。1971年から1年間、モーズレー病院ならびにタビストックに留学。現在、鹿児島市にある伊敷病院に精神科医として非常勤、週2日勤務。
著書に『精神科診断面接のコツ』『精神療法面接のコツ』『心身養生のコツ』『「心身養生のコツ」補講50』『発想の航跡』『発想の航跡2』『「現場からの治療論」という物語』（いずれも岩崎学術出版社）、『治療のこころ1〜28』『対話精神療法の初心者への手引き』（いずれも花クリニック神田橋研究会）、『ちばの集い1〜9』（ちば心理教育研究所）『ともにある1〜5』（共著、木星舎）、『対談 精神科における養生と薬物』（共著、診療新社）、『神田橋條治の精神科診察室』（共著、IAP出版）、『神田橋條治精神科講義』『神田橋條治医学部講義』『治療のための精神分析ノート』『神田橋條治が教える経絡・ツボ療法』『どこへ行こうか、心理療法』（いずれも創元社）ほか。

かしま　えりこ
九州大学大学院人間環境学府博士後期課程単位取得退学。臨床心理士。公認心理師。一般社団法人日本臨床心理士会理事。公益財団法人日本臨床心理士資格認定協会教育・研修委員。放送大学分担協力講師。福岡女学院大学大学院非常勤講師。1998年から神田橋條治の診療の陪席をするとともに、スーパーヴィジョンを受けるようになった。1999年よりスクールカウンセラー。かしまえりこ心理室代表。2008年より創元社セミナー『かしまえりこのスクールカウンセリング・ケースカンファレンス』（年6回）の講師。
著書に『スクールカウンセリングモデル100例』（神田橋と共著）、『事例に学ぶスクールカウンセリングの実際』（分担執筆）、『現場で役立つスクールカウンセリングの実際』（分担執筆）（いずれも創元社）、DVD『心理臨床を学ぶvol.13　スクールカウンセリング』（原案監修　医学映像教育センター）など。

神田橋條治　スクールカウンセラーへの助言100

2021年10月20日　第1版第1刷発行
2023年 4月10日　第1版第6刷発行

著　者⋯⋯⋯⋯⋯⋯⋯⋯⋯⋯⋯⋯⋯⋯⋯⋯⋯⋯⋯⋯⋯⋯⋯⋯⋯⋯⋯⋯⋯

神田橋條治

編著者⋯⋯⋯⋯⋯⋯⋯⋯⋯⋯⋯⋯⋯⋯⋯⋯⋯⋯⋯⋯⋯⋯⋯⋯⋯⋯⋯⋯⋯

かしまえりこ

発行者⋯⋯⋯⋯⋯⋯⋯⋯⋯⋯⋯⋯⋯⋯⋯⋯⋯⋯⋯⋯⋯⋯⋯⋯⋯⋯⋯⋯⋯

矢部敬一

発行所⋯⋯⋯⋯⋯⋯⋯⋯⋯⋯⋯⋯⋯⋯⋯⋯⋯⋯⋯⋯⋯⋯⋯⋯⋯⋯⋯⋯⋯

株式会社 創元社
https://www.sogensha.co.jp/
本社 〒541-0047 大阪市中央区淡路町4-3-6
Tel.06-6231-9010 Fax.06-6233-3111
東京支店 〒101-0051 東京都千代田区神田神保町1-2 田辺ビル
Tel. 03-6811-0662

印刷所⋯⋯⋯⋯⋯⋯⋯⋯⋯⋯⋯⋯⋯⋯⋯⋯⋯⋯⋯⋯⋯⋯⋯⋯⋯⋯⋯⋯⋯

株式会社 太洋社
ⓒ2021 Printed in Japan
ISBN978-4-422-11768-3 C3011
落丁・乱丁のときはお取り替えいたします。

スクールカウンセリング
モデル100例
読み取る。支える。現場の工夫。

かしまえりこ・神田橋條治〔著〕
A5判、並製、472頁、定価3,520円（税込）

ますます深刻になりつつある子どもの問題。真に力のある
スクールカウンセラー（SC）の質の高い事例集が長く待ち
望まれていた。本書は、さまざまな形で起こってくる学校
現場の緊急の問題に、SCかしまが専門性を駆使して対処
した100の事例を取り上げ、事例の概要と対処・解説・
経過を述べ、精神科医、神田橋が卓越したコメントを付し
た。事例の数でも、内容の質と専門性の高さでも、他に
追随を許さない圧倒的な充実度を誇る。全校必携の一冊。